Carolin Würgau

Hamburg ohne Geld

101 großartige Dinge, die Du in Hamburg kostenlos erleben kannst

CIRCUS MAXIMUS

Bibliografische Information der Deutschen Nationalbibliothek
Die Deutsche Nationalbibliothek verzeichnet diese Publikation in der Deutschen Nationalbibliografie. Detaillierte bibliografische Daten sind im Internet über http://dnb.d-nb.de abrufbar.

Für Fragen und Anregungen:
info@riva-verlag.de

1. Auflage 2018

Nymphenburger Straße 86
D-80636 München
Tel.: 089 651285-0
Fax: 089 652096

Umschlaggestaltung: Pamela Machleidt
Umschlagabbildung: pixabay
Layout: Pamela Machleidt
Satz: inpunkt[w]o, Haiger (www.inpunktwo.de)
Druck: Florjancic Tisk d.o.o., Slowenien
Printed in the EU

ISBN Print 978-3-7423-0604-3
ISBN E-Book (PDF) 978-3-74530-363-6
ISBN E-Book (EPUB, Mobi) 978-3-74530-364-3

Carolin Würgau

Hamburg ohne Geld

Inhalt

Freizeit

Kultur

Familie

Sport

Abenteuer

Besondere Orte

Land & Leute

Hamburg ohne Geld erleben

In diesem kleinen Stadt-Guide geht es nicht auf die Reeperbahn, sondern in den Parc Fiction. Statt über die Elbphilharmonie staunt man über die Windmühle Johanna. Man holt sich im Treppenviertel einen Muskelkater. Man tanzt auf der Altonale aus der Reihe und hört Jazzkonzerte auf dem alten Feuerschiff. Man entdeckt coole Street Art im Schanzenviertel oder springt auf den Trampolinen im Lohsepark. Man entdeckt Kunst im Bunker und erholt sich im Klövensteen. Und spätestens auf einer Wanderung durch das verwunschene Alstertal begreift man, dass es keinen schöneren Ort auf der Welt gibt als Hamburg.

In 101 kostenlosen Erlebnissen führt dieser Guide durch das abwechslungsreiche Hamburger Kunst- und Kulturleben und lädt dazu ein, besondere Orte und Stadtabenteuer zu erleben. Ob Livemusik im Friseursalon, eine Paddeltour durch die Stadt, die Wasserlichtkonzerte in Planten un Blomen oder die Dünen in Boberg – Hamburg hat auch abseits touristischer Pfade eine Menge zu bieten.

Über die Autorin: Carolin Würgau wurde 1974 in Hamburg geboren und arbeitet seit mehr als zehn Jahren als Online-Redakteurin und Texterin. Seit früher Jugend durchstreift sie Hamburg – zu Fuß, auf dem Fahrrad oder mit den öffentlichen Verkehrsmitteln. Ihr Ziel ist es, eines Tages jeden der 104 Stadtteile der Hansestadt zu kennen.

Hamburg
im Steckbrief

Einwohnerzahl: 1,82 Millionen

Einwohner je km²: 2411

Auch bekannt als:
Tor zur Welt, Hansestadt, Hamburch, schönste Stadt der Welt

Typisch Hamburg? Wichtige Assoziationen und Vorurteile:
Pfeffersäcke, St. Pauli, Reeperbahn, »Watt mutt, datt mutt«, Elbphilharmonie, Alster, HafenCity, HSV, Landungsbrücken, OTTO, Aalsuppe, Jan Delay, Moin, Franzbrötchen, Speicherstadt, Regen, Fischmarkt, Ebbe und Flut, Uns Uwe, Schanze, Musical,

Hamburg als Playlist:

1. »Hamburg meine Perle« – Lotto King Karl (Liebe kennt keine Liga)
2. »De Wind vun Hamburg« – Ina Müller (Und alle bitte schunkeln)
3. »Ahnma« – Beginner (Sie packen Hamburg wieder auf die Karte)

1. Staune über das Haus, das an ein riesiges Schiff erinnert.

KULTUR

Das Chile-Haus gehört zu den wichtigsten Bauwerken des Backstein-Expressionismus. Entworfen und erbaut wurde es zwischen 1922 und 1924 von Fritz Höger. Der damalige Auftraggeber hatte Hamburg als junger Mann in Richtung Chile verlassen und war später durch den Salpeterhandel reich geworden. Zurück in seiner Heimatstadt, ließ er das imposante zehnstöckige Gebäude errichten, das so zu seiner Bezeichnung kam. Besucher sollten sich von Südosten dem Gebäude nähern: Wie ein riesiger, spitz zulaufender Schiffsbug ragt der Klinkerbau in den Himmel und greift an seiner breitesten Stelle

Neue Perspektiven: der Innenhof des Chile-Hauses

Der Bug eines Schiffes? Nein, das Chile-Haus

in einem eleganten Schwung die angedeutete Schiffsform auf. Dazu verzieren typische Keramik-Elemente die Außenfassade. Übrigens, der Eingangsbereich darf zu normalen Bürozeiten besichtigt werden. Dort sind immer noch die handgemalten Hinweisschilder mit den Namen der früheren Mieter zu entdecken. Seit Juli 2015 zählt das eindrucksvolle Gebäude als Teil des Kontorhausviertels zum UNESCO-Weltkulturerbe.

Standort: Fischertwiete 2 • **Wie kommt man hin?** U1 bis Messberg • **Weitere Informationen:** www.chilehaus.de

2. Entdecke ein Denkmal namens Trude.

BESONDERE ORTE

Staune über die größte Schildvortriebsmaschine der Welt: Ein Ausflug nach Barmbek steht bei Hamburg-Besuchern nicht unbedingt an erster Stelle. Was schade ist, denn neben wunderschönen Plätzen am Osterbekkanal, gibt es auf dem Platz vor dem Museum der Arbeit ein beeindruckendes Industriedenkmal zu besichtigen. Die Rede ist vom Schneidrad der größten Schildvortriebsmaschine der Welt. Als Hamburger steht man ehrfürchtig vor dem Ding, das sich in rund zweieinhalb Jahren als Teil der Maschine von Waltershof auf der Südseite der Elbe bis ans Nordufer nach Othmarschen unter dem Fluss durchs Erdreich gefressen hat. So entstand die vierte Röhre des Elbtunnels. Übrigens, TRUDE steht für Tief Runter Unter Die Elbe – so kam das Schneidrad zu seinem Namen.

Standort: Vorplatz Museum der Arbeit, Wiesendamm 3 • **Öffnungszeiten:** tgl. 24 Stunden • **Wie kommt man hin?** U3 oder S1/S11 bis Barmbek

Trude in Barmbek: Sie hat den 4. Elbtunnel gegraben

3. Reise in der Windmühle Johanna zurück in die Zeit.

FREIZEIT

Wer die Großstadt hinter sich lassen möchte, ist in Wilhelmsburg genau richtig. Diesen Eindruck verstärkt auch der Anblick der aufwendig restaurierten Windmühle auf der Elbinsel. Nur wenige Minuten vom Trubel entfernt liegt, umgeben von Bäumen und viel Grün, das Wahrzeichen Wilhelmsburgs. Jeden ersten Sonntag im Monat können Besucher dort erleben, wie aus Getreide Brot entsteht: Dann wird im Backhaus das »Wilhelmsburger Mühlenbrot« gebacken – natürlich mit Mehl aus der Mühle. Außerdem ist das Mühlenmuseum geöffnet, und im Mühlencafé wird selbst gebackener Kuchen angeboten.

Standort: Schönenfelder Str. 99a • **Öffnungszeiten Mühlenmuseum, Café und Backhaus:** jeden 1. Sonntag • **Wie kommt man hin?** S 3/31 bis Wilhelmsburg oder Veddel, dann weiter mit dem Bus 154 bis Wilhelmsburger Mühle • **Weitere Informationen:** www.windmuehle-johanna.de

4. Streite über die Architektur in der Großen Elbstraße.

KULTUR

Vor 20 Jahren war die Große Elbstraße zum Teil nichts weiter als eine große Brache. Nach und nach errichteten namhafte Architekten aus Stahl und viel Glas funktio-

Die Zeit in der Windmühle Johanna vergessen

nale Bürogebäude. Nicht allen gefällt diese Architektur, die, wie an einer Perlenkette aufgeschnürt, die freie Sicht auf die Elbe nimmt. Immerhin ist jetzt was los an der Waterkant. Hummer und Wein, Fisch und Chips, Krabbenbrötchen und Design – viele Läden und Restaurants haben sich im Zuge der Bebauung ebenfalls an der Großen Elbstraße angesiedelt. Radfahrer und Autos rumpeln übers Kopfsteinpflaster. Und wenn im Westen die Sonne untergeht, ist das Licht in der Straße golden. In den Verkaufsräumen der Fischhändler in Höhe des alten Fährterminals schmeckt das Krabbenbrötchen trotz hoher Preise (was selten ist, ist nun mal teuer), die zauberhafte Atmosphäre dieses Fleckchens gibt es umsonst.

Standort: Große Elbstraße • **Öffnungszeiten:** tgl. 24 Stunden • **Wie kommt man hin?** mit der Hafenfähre 62 bis Altona Fischmarkt oder mit dem Bus 11 bis Fischauktionshalle

Streitbare Architektur in der Großen Elbstraße

Palmen aus Stahl im Park Friction

BESONDERE ORTE

5. Chille im Park Fiction.

Palmen aus Stahl und nicht mal eine Wiese ... Das soll ein Park sein? Ja, und was für einer! Anwohner rund um den Pinnasberg forderten im Jahr 1994, anstelle der beabsichtigten Wohn- und Bürobebauung einen öffentlichen Park für das eng bebaute Wohnviertel anzulegen. Nach einigem Hin und Her ist dies gelungen. Mit viel Engagement und Anwohnerbeteiligung wurde der winzige Park auf dem Dach einer Schulsporthalle angelegt. Künstliche Palmen prägen das Bild, und der Ausblick hinüber zum Werftgelände von Blohm + Voss ist einer der schönsten Hafenblicke. Kein Wunder also, dass es vor allem an sommerlichen Wochenenden voller wird. Sonst ist die kleine Oase beschaulich ruhig.

Standort: Oberhalb von St. Pauli, Fischmarkt 24 • **Öffnungszeiten:** tgl. 24 Stunden • **Wie kommt man hin?** mit dem Bus 112 bis Hafentreppe • **Weitere Informationen:** www.park-fiction.net

LAND & LEUTE

6. Streife durch die HafenCity.

Selbst als Hamburger kommt man kaum hinterher – so geschwind verändert sich Hamburg jüngster Stadtteil, die HafenCity. Das Infocenter Kesselhaus vermittelt einen umfangreichen Überblick über die Entwicklung von den Anfängen bis hin zu weiteren Ausbauplänen. Highlight ist das von allen Seiten zu betrachtende Modell der HafenCity. Das vier mal acht Meter große Modell veranschaulicht im Maßstab 1: 500 den gegenwärtigen Planungsstand von Europas größtem Stadtentwicklungsprojekt. Zusätzlich werden Baufortschritte und in der Planung stehende Bauvorhaben dokumentiert. Darüber hinaus bietet die HafenCity Hamburg GmbH von Mai bis September kostenlose geführte Radtouren durch die neue HafenCity. Die Touren finden an jedem ersten und dritten Sonntag im Monat statt und beginnen um 13 Uhr. Startpunkt ist das HafenCity InfoCenter Kesselhaus.

Standort: Am Sandtorkai 30 • **Öffnungszeiten:** Di.-So 10-18 Uhr • **Wie kommt man hin?** U3 bis Baumwall/ U4 bis Überseequartier/MetroBus 6 bis Auf dem Sande / Bus 111 bis Am Sandtorkai • **Weitere Informationen:** www.HafenCity.com

Spannende Architektur in der Hafen-City

7. Hol dir einen Muskelkater im Treppenviertel.

SPORT

Immer dann, wenn in Hamburg Berge ins Spiel kommen, sei es als Ortsbezeichnung oder als Beschreibung, ist Vorsicht geboten. »Harburger Berge«, »Waseberg« oder auch der »Süllberg« – was für andere ein klitzekleiner Hügel ist, betiteln Hamburger zwangsläufig als Berg. Nichtsdestotrotz haben Hamburger Berge einiges zu bieten. Allen voran der Süllberg in Blankenese, der vom Blankeneser Treppenviertel umgeben ist. Malerisch säumen die schmucken Häuschen die verwinkelten Gassen. Und wer die rund 5000 Stufen des Viertels gegangen ist, bekommt hinterher ordentlich Muskelkater. Belohnt werden die Mühen zum »Gipfel« des Süllbergs, der immerhin sagenhafte 74,4 Meter hoch ist, mit einer grandiosen Aussicht über die Elbe: Von hier aus lassen

Endlose Treppen am Süllberg in Blankenese

sich Container- und Kreuzfahrtschiffe bei der Einfahrt in den Hamburger Hafen beobachten – und das ist doch nun wirklich etwas Besonderes.

Standort: Süllberg • **Öffnungszeiten:** tgl. 24 Stunden • **Wie kommt man hin?** S1 bis Blankenese

KULTUR

8. Entdecke coole Street Art im Schanzenviertel.

Andere Städte sind sauber. Hamburg nicht. Und das ist manchmal ein großes Glück, denn so konnte ein Biotop entstehen, das trotz Investorendrucks und Gentrifizierung spannende Ecken bereithält. Im Schanzenviertel ist es Street Art, die sofort ins Auge fällt. Unsere Tour beginnt am Neuen Pferdemarkt. Richte den Blick nach

Schanzenviertel: Hamburg von seiner bunten Seite

oben, denn hier klebt was an den Wänden. Sogenannte Stencils verzieren Eingänge, Durchfahrten und Fassaden. Werke von Künstlern wie Marshal Arts, liebsein, Push oder Street Dr. Dude werden gesprüht, geklebt oder auf Fliesen verewigt an die Wand gekachelt – als fantasievolle und kritische Kommentare zur Gegenwart.

Standort: Schanzenviertel z.B. Rosenhofweg/Ecke Schulterblatt • **Wie kommt man hin?** U3 bis Sternschanze

9. Erlebe die 50er-Jahre in Hamburg-Dulsberg.

KULTUR

In einem schmucklosen Klinkerbau verbirgt sich ein detailgetreu eingerichtetes Zuhause. Mit originalen Möbeln, Haushaltsutensilien und Deko-Gegenständen aus den 50er-Jahren wird die Erinnerung an diese Zeit lebendig gehalten. Verantwortlich für dieses nostalgische Stück Zeitgeschichte ist der Verein »Nierentisch und Petticoat«. Als Besucher kann man sich kaum satt sehen, so viel gibt es hier zu entdecken. Ob Cocktailsessel oder Dreieckstische, der Musikschrank mit Plattenspieler oder der Zimmerspringbrunnen – die Macher sind mit viel Ausdauer und Liebe ans Werk gegangen. Ganz klar, das sind die Fünfziger!

Standort: Alter Teichweg 132 • **Öffnungszeiten:** immer samstags 12-16 Uhr • **Wie kommt man hin?** U1 Alter bis Alter Teichweg • **Weitere Informationen:** www.petticoat-nierentisch.de

LAND & LEUTE

10. Spaziere durch die Fischauktionshalle.

Der Hamburger Fischmarkt ist Legende und ein Besuch tatsächlich Pflicht. Vor allem in der alten Fischauktionshalle ist die Stimmung mit Livemusik unübertroffen. Man schiebt und drängt sich aneinander vorbei, sucht nach einem Plätzchen auf einer der zahlreichen Bierbänke oder schaut, was auf der Galerie los ist. Hier treffen sich Frühaufsteher oder Leute, die nach einer durchfeierten Nacht noch etwas Stärkung brauchen. Wenn kein Fischmarkt ist, finden in der Halle immer wieder verschiedene (kostenpflichtige) Musikveranstaltungen statt. Allein die Architektur mit dreischiffiger Basilika und der markanten Konstruktion aus Buddelstahl, einem nichtrostenden Stahl, lohnt den Besuch.

Die lebendige Fischauktionshalle

Standort: Große Elbstr. 9 • **Öffnungszeiten:** sonntags ab 5 Uhr (im Winter ab 6 Uhr) • **Wie kommt man hin?** Bus 111 bis Fischauktionshalle • **Weitere Informationen:** www.fischauktionshalle.com

11. Entdecke den Energiebunker Wilhelmsburg.

BESONDERE ORTE

Der ehemalige Flakbunker wurde im Rahmen der IBA (Internationale Bauausstellung) saniert und zu einem regenerativen Kraftwerk mit Großwärmespeicher ausgebaut. Zuvor war das Gebäude 1947 von der britischen Armee durch eine gezielte Sprengung im Inneren völlig zerstört worden. Sechs der acht Etagen stürzten ein, der Rest war nicht mehr ohne Gefahr zu betreten. Nur die

Stadtentwicklungsprojekt Energiebunker

äußere Hülle mit bis zu drei Metern dicken Wänden und bis zu vier Metern dicken Decken blieb nahezu unzerstört. Heute befindet sich hier in 30 Metern Höhe die Aussichtsterrasse des Restaurants VU. Von dort bietet sich den Besuchern ein einzigartiger Blick über Hamburg, den Hamburger Hafen bis hin zu den Harburger Bergen.

Standort: Neuhöfer Str. 7 • **Öffnungszeiten:** Fr 12-18 Uhr, Sa/So 10-18 Uhr • **Wie kommt man hin?** Mit der S3/31 bis Wilhelmsburg, von dort mit dem Bus 151 oder 252 bis Neuhöfer Straße (Ost)

FREIZEIT

12. Begrüße die Großtonner in Wedel.

Achtung, hier wird ein bisschen geschummelt. Wedel liegt kurz vor den Toren Hamburgs in Schleswig-Holstein, aber da die S-Bahn über Blankenese bis nach

Die Großtonner auf ihrem Weg zum Hafen

Wedel fährt, sind wir hier mal nicht so streng und verbuchen diesen familiengerechten Ausflugstipp als echte Hamburgensie. Zumal bereits seit 1952 vom Schulauer Fährhaus, dem sogenannten Willkomm-Höft, die Begrüßung eines Schiffes wie folgt über die Elbe tönt: »Willkommen in Hamburg, wir freuen uns, Sie im Hamburger Hafen begrüßen zu dürfen«. Mittlerweile wurden etliche Hunderttausend Schiffe von mehr als 1000 Gross tons aus aller Herren Länder mit ihrer Nationalhymne begrüßt und verabschiedet. Zu diesem Zweck wurden übrigens über 150 Nationalhymnen eingespielt und der Begrüßungstext in der jeweiligen Landessprache aufgenommen.

Standort: Schulauer Fährhaus: Parnaßstr. 29, 22880 Wedel • **Öffnungszeiten und Termine:** www.schulauer-faehrhaus.de/willkomm-hoeft-schiffsbegrusungsanlage • **Wie kommt man hin?** S1 bis Wedel

13. Genieße den Sonnenuntergang auf dem Deich an der Harburger Chaussee.

BESONDERE ORTE

Mit Auflösung des Freihafens sind in Hamburg neue Treffpunkte entstanden. Der Deich entlang der Harburger Chaussee ist so ein Ort. Der Zollzaun wurde nach 124 Jahren abgerissen und endlich können die Bewohner der Veddel und alle anderen Besucher auf dem Deich entspannen. Ob als Laufstrecke oder Liegewiese: Deich, deine Zeit ist jetzt!

Standort: Harburger Chaussee • **Öffnungszeiten:** tgl. 24 Stunden • **Wie kommt man hin?** S3 bis Veddel

KULTUR

14. Besichtige das wahre Wahrzeichen der Hansestadt.

Die Elbphilharmonie hat dem Michel hinsichtlich des Status als Hamburger Wahrzeichen ein klein wenig den Rang abgelaufen. Nichtsdestotrotz, jeder Junge und jede Deern kennt die Hauptkirche St. Michaelis. Der Aufstieg zur Aussichtsplattform kostet Eintritt, doch die lohnenswerte Besichtigung des Kirchenschiffes ist kostenlos. Besucher sollten sich unbedingt die »Michel App« auf ihr Handy laden. Diese kostenlose App hält für Hamburger und Hamburg-Besucher viele Informationen bereit. Dabei wird zum Beispiel auch der Frage nachgegangen, was die größte Spardose der Hansestadt ist ...

Standort: Englische Planke 1 • **Öffnungszeiten:** Mai bis Oktober 9-20 Uhr (letzter Einlass 19.30 Uhr) November bis April 10-18 Uhr (letzter Einlass 17:30 Uhr) • **Wie kommt man hin?** U3 bis Rödingsmarkt oder S1/S2/S3 bis Stadthausbrücke, Buslinien M6/37 bis Michaeliskirche • **Weitere Informationen:** www.st-michaelis.de

Wahres Wahrzeichen: der Hamburger Michel

FAMILIE

15. Springe Trampolin im Lohsepark.

Der Lohsepark ist eine weitere Besonderheit der nagelneuen HafenCity. Denn ehrlich: Frisches Grün braucht erst seine Zeit, um so richtig mit der Umgebung zu verwachsen. Das ist zwar auch im Lohsepark der Fall, doch hier und da lässt sich bereits erahnen, wie schön es hier in ein paar Jahren einmal sein wird. Vor allem die Pappelallee ist bereits als solche zu erkennen. Und die Obstbäume tragen ebenfalls schon Früchte. Eigens angebrachte Hinweisschilder fordern übrigens unbedingt zum Verzehr der Äpfel auf. Besonders schön ist, dass beim Bau des Parks nicht nur ans Schlemmen, Faulenzen und den Müßiggang gedacht wurde, sondern auch an alle, die Lust auf Bewegung haben. In die Rasenfläche sind beispielsweise Trampoline eingelassen, auf

Moderner Spielplatz: der Lohsepark

denen es sich herrlich hüpfen lässt. Zwischen einigen Bäumen befinden sich außerdem Slacklines, an denen man seinen Gleichgewichtssinn schulen kann. Ein großer Spaß. Wie gesagt, der Park muss sicherlich noch etwas einwachsen, doch seinen Zweck erfüllt er schon jetzt und bietet Erholung mitten in der HafenCity.

Standort: Am Lohsepark • **Öffnungszeiten:** tgl. 24 Stunden • **Wie kommt man hin?** U4 Überseequartier

16. Schipper mit der Fähre durch den Hafen.

FREIZEIT

Wer Hamburg erkundet, kommt ohne Tageskarte des öffentlichen Nahverkehrs nicht aus. Doch es lohnt sich, denn quasi gratis als Bonus oben drauf kann die

Die Landungsbrücken vom Weinberg aus gesehen

Mit dem HVV-Ticket ...

gemütlich durch den Hafen schippern

HVV-Hafenfähre der Linie 62 genutzt werden. Das ist ein echtes Hamburg-Highlight, das von Bewohnern und Touristen gleichermaßen geschätzt wird. Die beliebte Route beginnt ab Brücke 3 an den Landungsbrücken. Wenn irgend möglich, sollte die Fahrt auf dem Oberdeck verbracht werden. Dort weht einem der Wind um die Nase, und man kann den Blick am besten schweifen lassen. Erster Halt ist der Altonaer Fischmarkt. Von dort geht es weiter über das Cruise Center Altona und das Dockland bis hin zum Museumshafen Oevelgönne. Hier wartet der Elbstrand oder die Weiterfahrt auf die andere Elbseite nach Finkenwerder – von dort schippert die Fähre in einem Törn wieder zurück zu den Landungsbrücken. Wer sich dort übrigens ganz genau umschaut, entdeckt auf einer Anhöhe Hamburgs einzigen Weinberg. Viele Flaschen werden aus den Trauben allerdings nicht gekeltert, da es wohl immer wieder zu Fällen von massivem Mundraub kommt.

Standort: Linie 62 ab Landungsbrücken/Brücke 3 • **Fahrzeiten:** siehe HVV-Fahrplan • **Wie kommt man hin?** U3 Landungsbrücken

17. Schaukle auf der Riesenschaukel im Stadtpark.

FAMILIE

Der Spielplatz im Hamburger Stadtpark hat viel zu bieten. Im Sommer ist es das Planschbecken mit künstlichem Strand, das Heerscharen von Jungs und Deerns anlockt. Neben anderen tollen Spielgeräten beindruckt

Große Spielwiese: der Stadtpark mit Spielplatz

die Riesenschaukel mit besonders großer Amplitude. Für Kinder, die sich gut festhalten können, ist die Schaukel ein Heidenspaß. Aber auch Erwachsene werden immer wieder dabei gesichtet, wie sie jauchzend die volle Schwingungsbreite ausnutzen.

Standort: Spielplatz Stadtpark • **Öffnungszeiten:** tgl. 24 Stunden • **Wie kommt man hin?** U3 bis Borgweg oder Saarlandstraße oder S1/S11 bis Alte Wöhr

FAMILIE

18. Hüpfe im Planten un Blomen von Insel zu Insel.

Ein Besuch in Planten un Blomen ist bei schönem Wetter so erholsam wie ein Kurzurlaub. Besucher erwartet ein Meer aus Blumen, die von alten, knorrigen Bäumen

beschattet werden. In den weißen Parksesseln können gestresste Menschen herrlich entspannen. Die Bedingungen für eine schöne Mittagspause oder den Familienausflug am Wochenende sind ideal. Die Planer des Parks haben erfreulicherweise auch an lauffaule Kinder gedacht, denen es bei der Aussicht auf einen Spaziergang durch den Park ein wenig die Laune verhagelt: Die Blumenrabatten sind von kleinen Teichen umgeben, in die runde Betoninseln eingelassen wurden. Und über diese Inseln lässt es sich herrlich drüber hüpfen. Derart in Schwung, ist der Weg zum großen Spielplatz nur noch ein Klacks.

Standort: Planten un Blomen/ Eingang Rentzelstraße • **Öffnungszeiten:** Januar bis März: 7-20 Uhr, April: 7-22 Uhr, Mai bis September: 7-23 Uhr, Oktober bis Dezember: 7-20 Uhr • **Wie kommt man hin?** U2 bis Messehallen

KULTUR

19. Gehe in die Bedürfnisanstalt.

Dieses Toilettenhäuschen hat es in sich: Die Bedürfnisanstalt ist ein winzig kleiner Ausstellungsraum in Hamburg Altona und wird von einer privaten Initiative betrieben. Er bietet Platz für Kunst aller Art. Ob Malerei, Bildhauerei, Fotografie, Lesungen, Performances, Theater und Musik – das Angebot ist vielfältig. Was nie fehlt, ist eine entspannte Atmosphäre für aufgeschlossene Kunstliebhaber. Die genauen Termine erfahren Interessierte auf der Homepage.

Standort: Die Bedürfnisanstalt, Bleickenallee 26a • **Öffnungszeiten:** je nach Ausstellung • **Wie kommt man hin?** ab Bahnhof Altona mit dem Bus 1 bis Bleickenallee (Kinderkrankenhaus) • **Weitere Informationen:** www.diebeduerfnisanstalt.de

Früher Toilettenhäuschen, heute Galerie

Der Sonnen-
untergang
am Elbufer

20. Erlebe einen Sonnenuntergang an der Elbe.

FREIZEIT

Wer dem Stadtrummel entfliehen will, muss einfach nur elbaufwärts in Richtung Wedel fahren, sich ein ruhiges Plätzchen am Flussufer suchen und warten. Man schaut den Booten auf dem Fluss zu, grüßt die Spaziergänger oder Radfahrer, die sich zufällig auch an diesen Ort verirren, mit einem Kopfnicken, und ist mit sich und der Welt im Reinen. Am Abend dann beginnt das Wunder. Die Sonne wandert dem Horizont entgegen und taucht die gesamte Landschaft in eine sattes Orange. Für einen kurzen Moment scheint die Zeit still zu stehen. Wie schade, dass man schon bald wieder nach Hause muss.

Standort: nach Belieben • **Öffnungszeiten:** tgl. 24 Stunden • **Wie kommt man hin?** S1 bis Wedel und dann weiter mit dem Fahrrad

KULTUR

21. Erkunde die Bauepochen des Bergedorfer Schlosses.

Gehört Bergedorf überhaupt zu Hamburg? Zum Glück ja, obgleich es wohl der Struktur eines Stadtstaats geschuldet ist, dass Bergedorf nicht eigenständig ist. Der im Südosten Hamburgs gelegene Stadtteil punktet mit einem schönen Ortskern und einem Schloss mitsamt Schlossgarten. Kostenfrei zugänglich ist der Innenhof des Schlosses. Dort lassen sich die verschiedenen Baustile ausmachen, die mit jedem Um- und Anbau in der Zeit vom 17. bis 20. Jahrhundert hinzugefügt wurden. Der Schlosspark ist ebenfalls einen Besuch wert. Für Kinder gibt es einen schönen Spielplatz im Schlossgarten.

Standort: Bergedorfer Schloss, Bergedorfer Schlossstr. 4 • **Öffnungszeiten:** tgl. 24 Stunden • **Wie kommt man hin?** S2/S21 bis Bergedorf • **Weitere Informationen:** www.bergedorfer-museumslandschaft.de

LAND & LEUTE

22. Mach einen Abstecher zu Hamburgs letzter Kaffeeklappe.

Geduckt unter der Oberhafenbrücke und ziemlich windschief – so kommt sie daher, die Oberhafenkantine in der HafenCity. Das kleine Backsteinhäuschen beher-

Lohnendes Ausflugsziel: das Bergedorfer Schloss

bergt damals wie heute einen Gastronomiebetrieb. Nur waren es einst Hafenarbeiter, die sich an der Kaffeeklappe eine Stärkung holten. Heute sind es Touristen oder Mitarbeiter aus den umliegenden Büros, die in der Oberhafenkantine ihre Mittagspause verbringen. Vor einigen Jahren wurde das Gebäude saniert (vielmehr vor dem Einsturz bewahrt) und unter Denkmalschutz gestellt. In dem kleinen Restaurant bekommen Hungrige regionale Spezialitäten angeboten. Ein Besuch lohnt sich aber auch, ohne einzukehren. Davon zeugen etliche Touristen, die einfach nur vorbeischauen und die Fassade fotografieren.

Standort: Stockmeyerstr. 39 • **Öffnungszeiten:** Di-Sa 12-22 Uhr, So 12-17.30 Uhr • **Wie kommt man hin?** U3 bis Baumwall und Bus 11 bis Baakenhöft • **Weitere Informationen:** www.oberhafenkantine-hamburg.de

Kultur

23. Genieße die Architektur des Stilwerks Hamburg.

Das Gebäude, in dem das Stilwerk Hamburg untergebracht ist, beeindruckt mit mächtiger Backsteinarchitektur. Das ehemalige Mälzereigebäude entstand 1907 als eine der ersten Stahlbetonskelett-Konstruktionen Deutschlands. Blendbögen und Schmuckbänder verzieren weiterhin die Fassade und zeugen vom wirtschaftlichen Wohlstand der damaligen Zeit. Ein Besuch des Stilwerks lohnt sich nicht nur wegen der Design- und Einrichtungsläden – denn im Innern des Gebäudes warten alte Maschinenteile, historische Treppen und Wandfliesen darauf, von den Besuchern entdeckt zu werden.

Stilwerk: Einkaufszentrum mit genialer Architektur

Seit 1994 steht der Bau als eines der letzten Industriedenkmäler der Stadt unter Denkmalschutz.

Standort: Große Elbstr. 68 • **Öffnungszeiten:** Mo-Fr 10-19 Uhr, Sa 10-18 Uhr • **Wie kommt man hin?** Mit der Hafenfähre 62 bis Altona Fischmarkt oder mit dem Bus 11 bis Fischauktionshalle

24. Erobere die Ritterburg aus Naturkalkstein.

FAMILIE

Der weitläufige Spielplatz in Hamburg-Volksdorf bietet Kindern jede Menge Platz zum Toben. Ein echtes Highlight ist zudem die Ritterburg aus Kalkstein, die mit zwei Holzbrücken bestimmt die Fantasie kleiner Ritter beflügelt. Denn schließlich sind Burgen aus Stein gebaut und nicht aus Holz... Eltern sollten viel Zeit einplanen, wenn sie ihren Nachwuchs hier von der Leine lassen, denn neben der Burg gibt es eine Seilbahn, eine Riesenrutsche und viele Karussells. Insgesamt erstreckt sich das Areal auf 14.400 qm^2. Größere Kinder und Erwachsene können Tischtennisplatten, das Fußballfeld sowie den Basketballplatz nutzen. Abgerundet wird der Spielspaß von der schönen Lage mit altem Baumbestand.

Standort: Schemmannstraße, Zufahrt neben Haus Nr. 42 • **Öffnungszeiten:** tgl. 24 Stunden • **Wie kommt man hin?** U1 bis Meiendorferweg oder Volksdorf sowie mit dem Bus 24 bis Eulenkrugstraße.

KULTUR

25. Entdecke den Zauber der Steenkampsiedlung.

Die Steenkampsiedlung ist eine Gartenstadt, die in mehreren Bauabschnitten von 1914-1926 errichtet wurde. Die Häuser sind parallel zu den Straßen ausgerichtete, überwiegend zweigeschossige Doppel- und Reihenhäuser mit Satteldach, kleinen Vor- und großen Hintergärten. Heute ist die Siedlung für Familien mit kleinen Kindern die eierlegende Wollmilchsau unter den Hamburger Wohnvierteln, denn hier wird das Wohnen in der Nähe urbaner Stadtviertel (Bahrenfeld, Ottensen) mit einer heimeligen Atmosphäre wie in Bullerbü in Einklang gebracht. Der Preis, hier zu wohnen, ist allerdings hoch. Doch auch wer das Glück hat, ein Haus erwerben zu können, steht vor einem Haufen Arbeit. Feuchte Keller, das Dach ... es gibt bei der Sanierung der Reihen- oder Doppelhäuser viel zu tun. Ein Besuch lohnt sich für Architekturliebhaber allemal.

Standort: Steenkamp • **Öffnungszeiten:** tgl. 24 Stunden • **Wie kommt man hin?** ab Altona mit dem Bus 1 bis Stutsmoor

26. Riskiere einen Röntgenblick.

ABENTEUER

Man muss auch mal raus aus scinem Mikrokosmos und sich um die wirklich wichtigen Dinge im Leben kümmern. Im DESY-Forschungszentrum stehen die kleinsten Teilchen im Mittelpunkt. Und wer wissen will, was die Materie im Innern zusammenhält, bucht eine kostenlose Führung durchs Forschungszentrum. Sie beginnt mit einem einführenden Vortrag, anschließend werden die Besucher in kleinen Gruppen über das Gelände ge-

Wissenschaft hautnah erleben: im DESY Forschungszentrum

führt. Modelle und Exponate veranschaulichen zusätzlich die DESY-Forschung. Hinweis: Die Besucherinnen und Besucher sollten nicht jünger als 16 Jahre sein.

Standort: Desy (Haupteingang) Notkestr. 85 • **Öffnungszeiten:** für Gruppen von 1-3 Personen: die allgemeine Besichtigung findet jeden 1. Samstag im Monat um 10 Uhr statt, Anmeldung erforderlich • **Wie kommt man hin?** ab Altona mit dem Bus 1 bis Zum Hünengrab (DESY) • **Weitere Informationen:** www.desy.de

FREIZEIT

27. Picknicke auf der Alsterwiese Schwanenwik.

Die Außenalster ist an den meisten Stellen öffentlich zugänglich. Dieser Umstand sorgt für große Glücksmomente, denn andernfalls müssten Hamburger und Besucher auf einen der schönsten Sonnenuntergänge der Stadt verzichten. Die Alsterwiese Schwanenwik bietet Platz zum Grillen und Sonnenbaden und ist Teil des Alsterparks, der 1952 als Freizeitgelände für die Bevölkerung freigegeben wurde. Hier kann man wunderbar den Tag ausklingen lassen. Und sollte dann auch noch die Sonne scheinen, wird es schwer, sich ein schöneres Flecken Erde vorzustellen. Jetzt bleibt nur noch die Frage zu klären, wie die Kirchen heißen, die am Horizont zu sehen sind ...

Standort: Schwanenwik • **Öffnungszeiten:** tgl. 24 Stunden • **Wie kommt man hin?** Bus 6 bis Graumannsweg

28. Schau den Seglern von der Krugkoppelbrücke zu.

FREIZEIT

Der Weg ist bekanntermaßen das Ziel. Wer die Außenalster schon mal zu Fuß umrundet hat, weiß, wunderschöne Stadtansichten sind auf dieser etwa 7,5 km langen Strecke eine Selbstverständlichkeit. Doch welcher Ausblick ist besonders lohnenswert? Wir votieren für die Aussicht von der Krugkoppelbrücke. Hier lassen Spaziergänger den Blick vom nördlichen Teil der Außenalster bis hin zu Binnenalster schweifen. Wenn eine frische Brise weht (also eigentlich an 365 Tagen im Jahr) sind immer viele Segler unterwegs. Wie hingetupft sehen die Jollen aus. Da fällt es schwer, sich loszureißen.

Standort: Krugkoppelbrücke • **Öffnungszeiten:** tgl. 24 Stunden • **Wie kommt man hin?** Bus 109 bis Harvestehuder Weg oder beim Spaziergang entlang der Außenalster

29. Besuche den Kinderbauernhof Kirchdorf.

FAMILIE

Wenn Kinder, die in den urbanen Vierteln der Stadt zu Hause sind, einmal Landluft schnuppern wollen, müssen sie nur die Elbe überqueren. Dort liegt der Kinderbauernhof Kirchdorf. Die Ziegen, Kaninchen, Hühner, Schweine, Gänse, Schafe warten auf Fütterung oder kleine Streicheleinheiten. Auf dem Spielplatz können sich die Lütten austoben, für den kleinen Hunger können Besucher kleine Snacks zu kinderbauernfreundlichen Preisen im Kiosk kaufen. Da der Besuch des Bauernhofs kostenlos ist und auch bleiben soll, wäre es schön, wenn auf selbst mitgebrachte Verpflegung an den Wochenenden verzichtet würde.

Standort: Stübenhofer Weg 19 • **Öffnungszeiten:** Mo-So 10-19 Uhr, von Oktober bis März bereits ab 18 Uhr geschlossen • **Wie kommt man hin?** S3 bis Wilhelmsburg, dort in den Bus der Linie 152 (Richtung Finkenriek) und an der Station Stübenhofer Weg aussteigen • **Weitere Informationen:** www.kibaho.com

FAMILIE

30. Entdecke das Weidenlabyrinth auf dem Grasbrookspielplatz.

Ein Besuch der HafenCity ist vor allem für jüngere Besucher etwas anstrengend. Wo die Erwachsenen moderne Architektur und modernes Großstadtleben bewundern, sehen Kindern nun mal nur sterile Wohnblöcke und endlos lang erscheinende Straßenzüge. Da werden die Beine schnell müde, und das Quengeln beginnt. Doch spätestens mit Betreten des Seeräuberspielplatzes am Grasbrook sind sämtliche Strapazen vergessen. Einhelliges Urteil in einer nichtrepräsentativen Umfrage: Man kann von Hamburgs jüngstem Stadtteil halten, was man will – der Spielplatz mit dem großen Seeräuberschiff zum Klettern und einer Wasserspielanlage ist einfach toll! Und ganz besonders gelungen ist das lebendige Weidenlabyrinth. Hunderte junge Weidenruten wurden dafür ineinander verflochten und verwoben, bis sie Tunnel, Tipis und Fenster bildeten. Die Weiden wachsen jedoch immer weiter, und so verändert sich auch das Labyrinth mit den Jahren und den Jahreszeiten. Eltern überrascht es immer wieder, wie gern und wie lange sich der Nachwuchs unter den Weiden aufhält. Noch ein Tipp: Am Wochenende steht oft ein mobiler Barista mit seiner Espressomaschine auf Rädern am Rand des Spielplatzes und serviert leckeren Latte macchiato.

Standort: Am Grasbrookhafen • **Öffnungszeiten:** tgl. 24 Stunden • **Wie kommt man hin?** U4 Überseequartier

31. Spritze mit den Wasserpistolen in Planten un Blomen.

FAMILIE

Der Park Planten un Blomen ist mit seiner Blumenpracht vor allem im Frühjahr eine Augenweide. Ein Japanischer Garten, ein Rosen- sowie ein Apothekengarten sorgen für wechselnde Farben und Gerüche. Da der Park jedoch gleichzeitig auch Hamburgs größten Spielplatz beherbergt, fühlen sich hier auch Kinder pudelwohl. Besonders beliebt sind die gigantischen Wasserpistolen, mit denen man eine Partie Wasserbasketball spielen kann. Dabei zielt man mit dem Wasserstrahl auf einen Ball, der an einem Seil hängt, und versucht, den Ball in einen eigens aufgehängten Korb zu befördern. Dafür ist ordentlich Wasserdruck vonnöten, und es rauscht und spritzt herrlich. Für diesen Spaß lassen

Wasser-
spiele im
Planten un
Blomen

selbst ältere Kinder das Smartphone links liegen und erproben ihre Geschicklichkeit in diesem herrlichen Geduldsspiel. Ein weiteres Highlight im Planten und Blomen sind die Wasserlichtspiele auf dem See des Parks. Abends werden die auf dem See tanzenden Wasserfontänen beleuchtet, und an bestimmten Terminen finden sogar Wasserlichtkonzerte zu Tango- oder Filmmusik statt. Und das ebenfalls ganz kostenlos.

Standort: Marseiller Str. 7 • **Öffnungszeiten:** Januar bis März: 7-20 Uhr, April: 7-22 Uhr, Mai bis September: 7-23 Uhr, Oktober bis Dezember: 7-20 Uhr • **Wie kommt man hin?** U1 Stephansplatz oder S11/31/21 Dammtor

32. Wundere dich über das Halbmondhaus an der Elbchaussee.

FREIZEIT

Das Halbmondhaus war einst ein Stallgebäude und Teil des nicht erhaltenen Landhauses des Kaufmanns John Thornton. Da das Gebäude in Privatbesitz ist, kann es nicht besichtigt werden, doch die Form lässt sich von außen gut erkennen. Ein Besuch bietet sich beispielsweise an, wenn eh geplant ist, an der Elbe entlang-zu-spazieren (vom Wandern spricht der Hamburger erst dann, wenn festes Schuhwerk vonnöten ist). Interessanterweise kommt es oft vor, dass vor allem Kinder von der Form des Gebäudes sehr angetan sind. (Und vielleicht reicht es auch, mit dem Bus an dem Haus vorbeizufahren und im Anschluss am Fähranleger Teufelsbrück auszusteigen.)

Standort: Elbchaussee 228 • **Öffnungszeiten:** tgl. 24 Stunden • **Wie kommt man hin?** U3 bis St. Pauli, dann mit dem Bus 36 bis Halbmondsweg

33. Besuche die Freiluftgalerie Gängeviertel.

KULTUR

Das Gängeviertel in Hamburg ist ein kleines Wunder. Vor Verfall und Abriss gerettet, ist hier ein Freiraum für Künstler und Macher entstanden, der seinesgleichen sucht. Bis Mitte des 20. Jahrhunderts bot das Gängeviertel Tausenden Arbeiterfamilien eine Heimat. Dabei

Einzigartige Street-Art im Gängeviertel

Ein Stadtviertel als Open-Air-Galerie

nahm das Areal eine viel größere Fläche als heute ein: Vom Hamburger Hafen über die Neustadt bis in die Innenstadt wurde auf engstem Raum gelebt und gearbeitet. Als dort 1892 die Choleraepidemie wütete, wurde mit dem Abriss des Viertels begonnen. Im Zweiten Weltkrieg gingen weitere Gebäude verloren. Was danach noch stand, wurde fast vollständig beim Bau des Unilever-Hochhauses beseitigt. Die wenigen Überbleibsel des Gängeviertels, das lange Jahre einfach nur verfiel, wurden zum Spielball von Investoren und der Stadt Hamburg. Jetzt, nachdem die Gebäude saniert und nichtkommerziell genutzt werden, können Besucher in den Höfen umherschlendern und die Kunst von Off-Künstlern entdecken. Besucher sind herzlich willkommen, sich umzuschauen.

Standort: Zwischen Caffamacherreihe, Valentinskamp und Speckstraße • **Öffnungszeiten:** tgl. 24 Stunden • **Wie kommt man hin?** U2 Gänsemarkt • **Weitere Informationen:** www.das-gaengeviertel.info

Immer wieder werden die Wände neu gestaltet

Vorsicht vor der Riesenspinne!

Freizeit

34. Picknicke auf dem Altonaer Balkon.

Auf diesem Balkon muss man garantiert keine Blumen gießen! Vielmehr gehört der Altonaer Balkon zu einer Parkanlage, die einen fantastischen Ausblick auf den Hamburger Hafen bietet, der seinesgleichen sucht. Die Lage auf dem Geesthang ist es, die dieses tolle Panorama ermöglicht. Viele Sitzbänke und die Wiese laden zum Verweilen ein, die Ausrichtung gen Süden erfordert den Einsatz von Sonnenbrillen.

Standort: Palmaille/Ecke Max-Brauer-Allee • **Öffnungszeiten:** tgl. 24 Stunden • **Wie kommt man hin?** S1/S3 bis Altona und dann zu Fuß

Familie

35. Entdecke Tierwelten im Zoologischen Museum.

Für Familien ist das Zoologische Museum eine beliebte Anlaufstelle – vor allem an verregneten Sonntagen. Die neu konzipierte, 2000 Quadratmeter große Ausstellungsfläche begeistert kleine und große Tierforscher gleichermaßen. Im Eingangsbereich empfängt ein Finnwalskelett die Besucher. »Mama, da waren mal Beine dran«, ist dann zu beim Betrachten des Skeletts zu hören. Neben den zahlreichen Tierpräparaten, die erstaunlich lebensecht erscheinen, sind es die kindlichen Reaktionen der jüngsten Besucher, die diesen Museumsbesuch so besonders machen. Ob Schuhschnabel oder Tucan, das Krokodil, Bär oder Tiger – die Ausstellung zieht trotz der Unterbringung in einem schmucklosen Zweckbau die Besucher in seinen Bann.

Standort: Martin-Luther-King-Platz • **Öffnungszeiten:** Di-So 9-17 Uhr • **Wie kommt man hin?** U3 bis Schlump oder Bus 5 bis Grindelhof • **Weitere Informationen:** www.cenak.uni-hamburg.de/ausstellungen/museum-zoologie

36. Tanz auf der Altonale aus der Reihe.

FREIZEIT

Die jährlich im Juni stattfindende Altonale ist Norddeutschlands größtes Kultur- und Stadtteilfest. Mit mehr als 200 Veranstaltungen in den Bereichen Literatur, Film, Kunst, Theater, Musik und Tanz wird so viel Abwechslung geboten, dass wir hier auf die Webseite verweisen. Unter www.altonale.de finden Interessierte das aktuelle Programm. Den Abschluss der 17-tägigen

Film, Kunst, Musik und Tanz ...

... die Altonale rockt in jedem Jahr

Altonale bildet ein großes Straßenfest: Dann vibriert Altona an allen Ecken und Plätzen, in Hinterhöfen und Fußgängerzonen. Es wird getanzt, musiziert und an den zahlreichen kulinarischen Buden geschlemmt.

Standort: Altona-Altstadt/Ottensen • **Wie kommt man hin?** S3/1 bis Bahnhof Altona • **Mehr Informationen und Termine:** www.altonale.de

37. Entdecke Urban Art in der Affenfaust Galerie.

KULTUR

Die Affenfaust Galerie ging 2012 als Off-Galerie an den Start. Mit den Jahren hat sich daraus die größte private Galerie der Stadt entwickelt. In den Räumen eines ehemaligen Supermarkts wird auf einer 1000 Quadratmeter großen Fläche in monatlich wechselnden Ausstellungen zeitgenössische Kunst lokaler und internationaler Künstler ausgestellt. Termine zu den Vernissagen finden Interessierte auf der Homepage.

Standort: Paul-Roosen-Str. 43 • **Öffnungszeiten:** Mi/ Do 15-19 Uhr, Sa 14-18 Uhr • **Wie kommt man hin?** U3 bis Feldstraße • **Weitere Informationen:** www.affenfaust.org

38. Engagiere dich in den Hamburger Bücherhallen.

KULTUR

Die Hamburger Bücherhallen, wie die Stadtbibliotheken heißen, haben jede Menge mehr zu bieten als nur die Möglichkeit, Bücher und andere Medien auszuleihen. Regelmäßig finden an den unterschiedlichen Standorten, die übers ganze Hamburger Stadtgebiet verteilt sind, spannende, kostenfreie Veranstaltungen statt. Das können Fotoausstellungen sein, Lesungen, Gesprächskreise oder Workshops für Schulkinder. Die Termine zu den aktuellen Veranstaltungen werden sehr gut auf der Webseite gepflegt. Die Öffnungszeiten der einzelnen Standorte können variieren.

Standort: Zentralbibliothek: Hühnerposten 1 (Eingang: Arno-Schmidt-Platz) • **Öffnungszeiten:** Mo-Sa 10-19 Uhr • **Wie kommt man hin?** U1 Steinstraße • **Weitere Informationen:** www.buecherhallen.de

FAMILIE

39. Füttere die Hühner am Hühnerhof Motte.

Als wäre Ottensen, das Dorf mitten in der Großstadt Hamburg, nicht schon toll genug, hält sich hier auch noch ein Hühnerhof versteckt! Alles begann im Jahre 1986 mit der Anmietung der Brachfläche in der Rothestraße und dem Bau des Hühnerstalls. Später in den 90ern konnte sich der Hühnerhof erfolgreich gegen den Zugriff von Investoren wehren, die auf der Fläche bauen wollten. Wer die Hühner füttern möchte, kann dies gerne an der Futterklappe tun. Hühner fressen fast alles, doch um unerwünschte Tiere wie Ratten fernzuhalten, soll am besten nur frisches Gemüse, Salat und Obst verfüttert werden. Klein geschnitten mögen es die Hühner am liebsten. Noch ein Tipp: Zu große Futtermengen verderben und müssen entsorgt werden, darum bitte keine Unmengen an Futter bereitstellen.

Standort: Rothestr. 44 • **Öffnungszeiten:** tgl. 24 Stunden • **Wie kommt man hin?** mit dem Bus 1 bis Bahrenfelder Straße oder einfach als Abstecher beim gemütlichen Bummel durch Ottensen. • **Weitere Informationen:** www.mottehuehner.de

40. Hüpfe über Wüstenwellen im Wilhelmsburger Inselpark.

FAMILIE

Seit Oktober 2013 hat Hamburg einen neuen Park, der im Zuge der Internationalen Gartenschau errichtet wurde. Das Vorhaben, nachhaltig für die Bewohner und Besucher einen abwechslungsreichen Park zu schaffen, ist geglückt. Neben Sportmöglichkeiten bietet der Park eine Oase der Entspannung und schöne Natur. Für Kinder bietet der Spielplatz »Wüstenwellen« beste Bedingungen zum Toben, Buddeln und Klettern. Dabei durchziehen geschwungene Bodenwellen den Spielplatz, sodass die Kinder immer wieder bergauf und bergab rennen können. Das ist mal was anderes, als auf der Ebene zu toben! Wenn die Power nachgelassen hat und alle eine Pause brauchen, kann man weiter zur riesigen Skateanlage gehen und dort zuschauen, wie sich die Hamburger Jugend an Slides und Grinds oder Grab Tricks ausprobiert.

Standort: Am Inselpark, Eingang Kurdamm • **Öffnungszeiten:** tgl. 24 Stunden • **Wie kommt man hin?** S3/S31 Wilhelmsburg

41. Spaziere durch tropische Gefilde.

FREIZEIT

Die Tropengewächshäuser des Botanischen Gartens liegen gut erreichbar am Rande von Planten un Blomen.

Da die Verglasung an außenliegenden Profilen hängt, ist der Innenraum frei von tragenden Elementen. Diese Bauweise erzeugt beim Besucher das Gefühl, in einer abgeschlossenen Tropenwelt herumzulaufen. Die Bäume wachsen in den Himmel, über kleine Wege geht es durch unterschiedliche Klimazonen. Es gibt so viel entdecken, es riecht nach Erde, Wasser plätschert, es ist warm! Hier von einer Oase in der Großstadt zu sprechen ist nicht übertrieben.

Standort: Ohnhorstraße • **Öffnungszeiten:** März bis Oktober Mo-Fr 9-16.45 Uhr, Sa/So/feiertags 10-17.45 Uhr November bis Februar Mo-Fr 9-15.45 Uhr, Sa/So/feiertags 10-15.45 Uhr • **Wie kommt man hin?** U1 bis Stephansplatz • **Weitere Informationen:** www.plantenunblomen.hamburg.de/schaugewaechshaeuser

Tropische Gefühle im Botanischen Garten

42. Spiele Volleyball in der Rissener Kuhle.

SPORT

Wo früher Kies abgebaut wurde, befindet sich jetzt mit der Rissener Kuhle eine grüne, hübsch gestaltete Spiel- und Freizeitfläche. Das weitläufige Gelände ist besonders für Stadtkinder, die sonst in urbaneren Gefilden aufwachsen, eine tolle Abwechslung. Hier können die Lütten frei herumtoben und alles ausprobieren: Seilbahn, Schaukel, Klettergerüst, Allwetterbolzplatz oder Skate- und Bike-Park. Am besten, die Eltern nehmen sich auch eine Beschäftigung mit. Wie wäre es zum Beispiel mit einem Volleyball? Ein kleines Beach-Volleyballfeld steht auf dem Spielplatz bereit. Noch ein Tipp: Die Rissener Kuhle ist der ideale Ausgangspunkt für einen Spaziergang durch den Waldpark Marienhöhe. Natur pur.

Standort: Sülldorfer Brooksweg • **Öffnungszeiten:** tgl. 24 Stunden • **Wie kommt man hin?** B189/ 286 bis Sülldorfer Brooksweg, anschließend zu Fuß durch den Wald

43. Erlebe Kunst im Bunker.

KULTUR

Begib dich mit dem Fahrstuhl in den fünften Stock: Der Flakturm IV – besser bekannt als Feldbunker – imponiert mit seiner schieren Größe. Touristen, die den Bunker am Rande des Heiligengeistfelds zum ersten Mal erblicken, beeindruckt die Dominanz, die dieses Gebäude ausstrahlt. Doch auch das, was im Innern des Bunkers geschieht, ist bemerkenswert. Die im fünften Stock ansässige BUNKERHILL Galerie ist

Junge Kunst im Bunker entdecken

eine Produzentengalerie, die junge Kunst in all ihren Ausdrucksformen und Schattierungen präsentiert. Die Ausstellungstermine und -themen sind auf der Webseite zu finden.

Standort: Im Bunker (5. Stock), Feldstr. 66 • **Öffnungszeiten:** in der Regel Mi-So 17-21 Uhr • **Wie kommt man hin?** U3 bis Feldstraße • **Weitere Informationen:** www.hilldegarden.org

FAMILIE

44. Füttere Damwild im Niendorfer Gehege.

Für Stadtkinder ist das Niendorfer Gehege ein ganz besonderer Ort. Regelmäßig fahren Kindergartengruppen und Familien aus den angrenzenden Stadtteilen mit der

U-Bahn-Linie U2 dorthin, um beim Ponyreiten oder auf dem Waldspielplatz (an der Kreuzung Bodenwald/ Niendorfer Gehege gelegen) das Großstadtleben hinter sich lassen. Ist man mit Kindern unterwegs, darf beim Besuch auf keinen Fall das Wildgehege verpasst werden. Inmitten des bewaldeten Naherholungsgebiets lassen sich hier Rehe und Hirsche von einer kleinen Aussichtsplattform beobachten. Und mit etwas Glück treten die Rehe sogar bis an den Zaun heran und lassen sich nur zu gern füttern. Darüber hinaus lädt das immerhin 150 Hektar große Waldgebiet zu ausgedehnten Spaziergängen unter Eichen, Fichten und Buchen ein.

Familienspaß: das Niendorfer Gehege

Standort: Niendorfer Gehege • **Öffnungszeiten:** tgl. 24 Stunden • **Wie kommt man hin?** U2 Niendorf Markt oder Hagendeel

FREIZEIT

45. Entdecke die versteinerte Zeit.

Was funkelt und glitzert denn da? Mineralien sind versteinerte Zeit ... Im Spielwarenhandel sind Ausgrabungssets, die Mineralien enthalten, der große Renner. Im Mineralogischen Museum wird zwar nicht gegraben, aber die ausgestellten Stücke können sich wahrlich sehen lassen. Kleinen und großen Besuchern wird dabei viel Wissen zur Entstehung dieser funkelnden Zeitzeugen der Erdgeschichte vermittelt.

Funkelnde Zeitzeugen im Mineralogischen Museum

Standort: Grindelallee 48 • **Öffnungszeiten:** Mi 10-18 Uhr, So 10-17 Uhr, feiertags geschlossen • **Wie kommt man hin?** Bus 5 bis Grindelhof • **Weitere Informationen:** www.cenak.uni-hamburg.de/ausstellungen/museum-mineralogie.html

46. Bewundere die Schiffsoldtimer im Museumshafen.

FREIZEIT

Eigentlich ist der Museumshafen gar kein richtiges Museum, sondern vielmehr ein Verein, der sich zum Ziel gesetzt hat, Traditionsschiffe bestimmter Bauart zu sammeln und zu erhalten. So oder so, der Museum-

Der Eisbrecher Stettin auf Fahrt

hafen ist ein wunderbares Ausflugsziel für Jung und Alt am Elbstrand. Rund 20 Schiffs-Oldtimer haben hier ihren Liegeplatz. In den Sommermonaten kann es vorkommen, dass nicht alle Schiffe im Hafen liegen – dann sind die seetauglichen Oldtimer auf der Elbe unterwegs. Tipp: Vom Museumshafen aus genießt man einen schönen Blick auf den Containerhafen Hamburg-Waltersdorf.

Standort: Anleger Neumühlen • **Öffnungszeiten:** tgl. 24 Stunden • **Wie kommt man hin?** Bus 112 bis Neumühlen/Övelgönne oder mit der HADAG-Fähre 62 bis Anleger Neumühlen/Museumshafen • **Weitere Informationen:** www.museumshafen-oevelgoenne.de

Ein alter Kran im Museumshafen Oevelgönne

47. Streite über das Goldhaus auf der Veddel.

KULTUR

Als der Künstler Boran Burchhardt im Sommer 2017 mit Unterstützung der Kulturbehörde für 85.000 Euro die Außenfassade des einfachen Klinkerbaus mit Blattgold verzierte, war auf der einen Seite die Empörung groß. Auf der anderen Seite argumentierten die Anhänger, dass das Kunstwerk dem lange vernachlässigten Stadtteil Veddel zu großer Aufmerksamkeit verhilft. Zumindest ist, wie Umfragen ergaben, so mancher Besucher erstmalig auf die Veddel gekommen, nur um einen Blick auf das Goldhaus zu werfen.

Standort: Veddeler Brückenstr. 152 • **Wie kommt man hin?** Bus 154 bis Hovestieg.

Blattgold auf den Klinkersteinen ...

... Über das
Goldhaus
wird heftig
gestritten

48. Erkunde die Schwarzwaldsiedlung Langenhorn.

KULTUR

Langenhorn steht bei Hamburg-Touristen nicht zwingend auf der Liste, doch wer an besonderer Architektur interessiert ist, sollte vorbeikommen. Zu bestaunen gibt es die unwirklich erscheinende Schwarzwaldsiedlung. Auf den ersten Blick fragt man sich, ob man sich verlaufen hat oder die Gebäude irgendwie fehl am Platze sind. In den Jahren 1935 bis 1937 entstanden an der heutigen Essener Straße die »Hanseatischen Kettenwerke GmbH« und die »Deutsche Messapparate GmbH (MESSAP)«. Hinter den harmlosen Namen verbargen sich die drittgrößten Rüstungsbetriebe der Hansestadt –

Die Schwarzwaldsiedlung in Langenhorn

Kultur

51. Schau in der Galerie 21 vorbei.

Das Vorwerkstift ist ein denkmalwürdiges Gebäude, 1866 durch den Hamburger Kaufmann Georg Friedrich Vorwerk erbaut. Die Galerie 21 befindet sich in diesem Haus und zeigt regelmäßig wechselnde Ausstellungen. Bespielt wird das Ganze von den HausbewohnerInnen und auch von Künstlern, die von außerhalb kommen und ihre Arbeiten gerne der Öffentlichkeit präsentieren wollen. Ausstellungstermine sind auf der Webseite zu finden.

Standort: Galerie 21 im Vorwerkstift, Vorwerkstr. 21 • **Öffnungszeiten:** je nach Ausstellung, in der Regel Sa/So 15-20 Uhr • **Wie kommt man hin?** U3 bis Feldstraße • **Weitere Informationen:** www.vorwerkstift.de/galerie-21

Freizeit

52. Besuche eine Ausstellung in der Street Art School.

Wer wissen will, wie man Stencils, Paste-ups oder kunstvolle Graffitis erstellt, kann dies in der Street Art School erlernen. Wer einfach nur Interesse an dieser jungen Kunstform hat, findet in vielen Ausstellungen Gelegenheit dazu, diese urbane, kreative Ausdrucksform kennenzulernen. Ausstellungstermine sind auf der Webseite zu finden.

Standort: Street Art School St. Pauli, In den Rindermarkthallen, Treppenhaus D, 2. OG, Neuer Kamp 31/ Neuer Pferdemarkt • **Öffnungszeiten:** unterschiedlich • **Wie kommt man hin?** U3 bis Feldstraße • **Weitere Informationen:** www.street-art-school.de

53. Schwing das Tanzbein in Planten un Blomen.

FREIZEIT

Die Tanzveranstaltungen in Planten un Blomen wirken etwas anachronistisch. Aber das macht sie auch so zauberhaft! Vor dem Musikpavillon im Park ist ein kleiner Platz – und der wird allzu gern von Tanzpaaren dazu genutzt, eine flotte Sohle aufs Parkett zu legen.

Standort: Jungiusstr. 1 • **Öffnungszeiten:** im Sommer • **Wie kommt man hin?** U1 bis Stephansplatz oder S1/ S3 bis Dammtor • **Weitere Informationen:** www.plantenunblomen.hamburg.de

54. Komm in die Gänge.

KULTUR

In diesem kleinen Gebäude im Gängeviertel ist die Kunst eingezogen. Alle zwei bis drei Wochen finden hier Gruppenausstellungen statt. Mittlerweile blicken die Betreiber zurück auf Arbeiten von rund 200 Künstlern, die hier ausgestellt haben. Im Blickpunkt steht in dieser engagiert betriebenen Galerie hauptsächlich die Freie Kunst. Kunststudenten und Freischaffende finden hier ein Experimentierfeld zum Gestalten vor. Im Keller befindet sich zusätzlich ein Atelier für Fahrradkunst.

Standort: Galerie Speckstraße, Speckstr. 83-87 (Gängeviertel) • **Öffnungszeiten:** je nach Ausstellung, Atelier für Fahrradkunst: Mo-Mi 14-19 Uhr • **Wie kommt man hin?** U2 Gänsemarkt • **Weitere Informationen:** www.das-gaengeviertel.info

KULTUR

55. Lausche den Chorälen in Eimsbüttel.

Hamburg-Eimsbüttel ist immer einen Besuch wert. Und wen es hier an einem Samstag hinverschlägt, der sperrt besser die Ohren auf. Denn immer samstags jeweils um 17.45 Uhr werden vom Turm der Christuskirche in Eimsbüttel Choräle geblasen. Darüber hinaus finden über das Jahr verteilt zahlreiche Konzerte in der Kirche statt. Highlight ist der jährliche Orgelsommer im Juli und August. Auch hier ist der Eintritt frei.

Standort: Bei der Christuskirche 5 • **Öffnungszeiten:** Samstag ab 17.45 Uhr • **Wie kommt man hin?** U2 bis Christuskirche • **Weitere Informationen:** www.kirchenmusik-eimsbuettel.de

KULTUR

56. Genieße feinsten Jazz umsonst und draußen.

Das Open-Air-Event ist mittlerweile fester Bestandteil der Hamburger Musikszene. Jedes Jahr im Sommer treten in Planten un Blomen Jazzmusiker auf und verwöhnen Musikfans mit überraschenden Tönen und Klängen.

Kirchenmusik in der Christuskirche Eimsbüttel

Die Atmosphäre im Park (am besten natürlich bei schönem Wetter) tut ihr Übriges dazu. Also, Picknickdecke einpacken und die herrliche Kulisse des Jazz Open Air genießen! Das zweitägige Festival findet immer September statt und wird vom Jazzbüro Hamburg veranstaltet.

Standort: Jungiusstr. 1 • **Wie kommt man hin?** U1 bis Stephansplatz oder S1/S3 bis Dammtor • **Termine und Informationen:** www.jazzbuero-hamburg.de

FREIZEIT

57. Erhole dich im Klövensteen.

Von der S-Bahn ist es nur ein kurzer Fußmarsch in eines der schönsten Naherholungsgebiete Hamburgs. Der Klövensteen ist ein Waldgebiet, das Reiter, Spaziergänger und sogar Mountainbiker gleichermaßen begeistert. Ein zusätzlicher Grund, hierher zu fahren, ist das Wildgehege. In dem weitläufigen Gelände sind Wildschweine, Damwild, Mufflons, Sikawild und Rotwild zu Hause. Unser Tipp: Es lohnt sich ein Fernglas mitzunehmen, um die Tiere zu beobachten. Wer etwas zur Tierfütterung beitragen möchte, kann im Herbst Eicheln sammeln und diese in einem Sammelbehälter abgeben.

Standort: Sandmoorweg • **Öffnungszeiten:** tgl. 24 Stunden • **Wie kommt man hin?** S1 bis Rissen und ca. 20 Minuten Fußweg • **Weitere Informationen:** www.hamburg.de/altona/wildgehege-kloevensteen

Was guckst du? Das Wildgehege Klövensteen

58. Genieße Musik, Sport und Bier im Murphy's.

FREIZEIT

Das Murphys liegt im Epizentrum des St.-Pauli-Nachtlebens. Hier kann gefeiert werden, bis der Arzt kommt. Was den Irish Pub so besonders macht, sind die zahlreichen Livemusik Auftritte internationaler Solokünstler und Bands. Zusätzlich werden auf großen Bildschirmen wichtige Sportereignisse übertragen. Immer gute Stimmung.

Standort: Friedrichstr. 24 • **Öffnungszeiten:** Mo/Di ab 20 Uhr, Mi ab 19 Uhr, Do ab 18 Uhr, Fr ab 11 Uhr, Sa ab 11 Uhr, So ab 15 Uhr, jeweils bis open end ... • **Wie kommt man hin?** S-Bahn S1/3 bis Reeperbahn • **Weitere Informationen:** www.murphys-hh.de

59. Sei bei der Musik im Park dabei.

FREIZEIT

Die Grünanlage des Kaiser-Friedrich-Ufers ist die grüne Lunge des dicht besiedelten Stadtteils Eimsbüttel. Hier wird gespielt, flaniert und Sport getrieben. Im Sommer findet zudem das Event »Musik im Park« statt. Auf dem Platz der Bücherverbrennung wird eine bunte musikalische Mischung geboten. Man muss nicht einmal ein Fan der dargebotenen Musik sein – die Atmosphäre unter freiem Himmel, das Lässige an diesem Nachbarschaftstreff sind Grund genug, vorbeizuschauen. Dazu gibt es Würstchen und Kaltgetränke. Alles wirkt ein bisschen improvisiert. Doch genau das macht den Reiz von »Musik im Park« aus.

Standort: Platz der Bücherverbrennung, Kaifu-Park • **Termin:** an einem Donnerstag im Sommer/genaue Termine unter www.eimsbuetteler-nachrichten.de • **Wie kommt man hin?** U2 bis Christuskirche

FREIZEIT

60. Swing im Haus 73.

Das Haus 73 liegt zentral am Schulterblatt. Wer sich das Programm des beliebten Kulturzentrums ansieht, kann leicht den Überblick verlieren, derart Unterschiedliches wird geboten. Pub-Quiz, Konzerte, Musik, Partys ... Allein die verschiedenen Locations, die bespielt werden, würden für eine Kleinstadt als subkulturelles Angebot genügen. Saal, Jolly Jumper, Salon... Wir empfehlen, unbedingt einmal die Swingwerkstatt im Haus 73 zu besuchen. Genaue Termine bitte auf der Webseite nachsehen.

Standort: Schulterblatt 73 • **Öffnungszeiten:** So-Do 9-18 Uhr, Fr/Sa 9-19 Uhr • **Wie kommt man hin?** U3/S1/S3 bis Sternschanze • **Weitere Informationen:** www.dreiundsiebzig.de

SPORT

61. Schwimme im Hohendeicher See.

Der Hohendeicher See – von vielen Hamburgern auch Oortkatener See genannt – liegt im Südosten von Hamburg und entstand im Februar 1962 nach der großen

Bade-
vergnühen
am Hohen-
deicher See

Flutkatastrophe. Im Zuge des Hochwasserschutzes wurde hier dem Erdreich Kies entnommen, übrig blieb ein See. Am östlichen Ufer befinden sich Dauerstellplätze für Wohnwagen. Am westlichen und südöstlichen Ufer tummeln sich im Sommer die Badegäste. Aufgepasst: Wie für einen Baggersee typisch, gibt es schon in der Nähe des Ufers Abbruchkanten, an denen das Wasser plötzlich sehr tief wird.

Standort: Overwerder Weg • **Öffnungszeiten:** tgl. 24 Stunden • **Wie kommt man hin?** S21 bis Tiefstack, dann weiter mit dem Bus 120 (Richtung Zeltplatz Altengamme) bis Overwerder

KULTUR

62. Lausche Nachwuchsmusikern der Hochschule für Musik und Theater.

Pick dir die Rosinen raus: In feinster Adresslage ist die Hochschule für Musik und Theater Hamburg zu Hause. Dort werden jährlich ca. 400 Veranstaltungen im Bereich Musik und Theater angeboten. Ob Opern- und Schauspielaufführungen, Jazzveranstaltungen, Orchesterkonzerte, Instrumental- und Gesangsabende, Sommer-Salons und Ringvorlesungen – viele Veranstaltungen der Hochschule sind eintrittsfrei. Wann die Veranstaltungen stattfinden, erfahren Interessierte über den Kalender auf der Webseite.

Standort: Harvestehuder Weg 12 • **Öffnungszeiten:** unterschiedlich • **Wie kommt man hin?** Bus 15 bis Alsterchaussee • **Weitere Informationen:** www.hfmt-hamburg.de

FREIZEIT

63. Erlebe Wüstenfeeling in Boberg.

Lass die Großstadt hinter dir und wandere durch eine Dünenlandschaft: Die Boberger Niederung ist ein Relikt aus der Eiszeit und die letzte Wanderdüne in Hamburg. Auf dem etwa 350 Hektar großen Areal bilden Geesthang, Moorgebiet, große Dünen und eine wundervolle Heidelandschaft ein unverwechselbares Naturerlebnis – und das alles nur 20 Minuten vom Zentrum

Die Dünen in der Boberger Niederung

entfernt! Wer Entspannung sucht, legt sich einfach in den Sand und lässt den Blick schweifen. Dabei kann man auch die Segelflugzeuge in der Luft beobachten, die am Segelflugplatz nördlich der Düne starten und landen. Über die besondere Landschaft kann man sich außerdem im 2017 frisch renovierten Boberger Dünenhaus informieren.

Standort: Boberger Furt 50 • **Öffnungszeiten:** Dünenhaus: Di-Fr 9-13 Uhr, sonn- und feiertags 11-17 Uhr • **Wie kommt man hin?** Mit der S 21 bis Mittlerer Landweg, von dort mit dem Bus 221 bis Boberger Furtweg, dann zwei Minuten zu Fuß oder mit dem Metrobus 12 bis Schulredder und von dort 15 Minuten zu Fuß • **Weitere Informationen:** www.hamburg.de/infoboberg

FREIZEIT

64. Entdecke die Artenvielfalt im Schnaakenmoor.

Moorlandschaften haben immer etwas Unheimliches an sich. Ein falscher Schritt, und es ist um einen geschehen … Das Schnaakenmoor liegt im Nordwesten Hamburgs mitten im Forstrevier Klövensteen. Und selbstverständlich gibt es gut befestigte Wege, die durch die verwunschene Landschaft führen. Die Großstadt Hamburg könnte an diesem Ort nicht weiter entfernt sein. Und so ist es wohl auch kein Wunder, dass sich hier eine bemerkenswerte Artenvielfalt entwickelt hat. Sogar seltene Tierarten, die in der Roten Liste als gefährdet oder stark gefährdet aufgeführt sind, zählen zum Bestand des Moors. Dazu gehören zum Beispiel die Kreuzotter, der Moorfrosch, die Kreuz- und die Knoblauchkröte.

Standort: Schnaakenmoor 32 • **Öffnungszeiten:** tgl. 24 Stunden • **Wie kommt man hin?** S1 bis Rissen mit

Das Schnaken-moor im Forstrevier Klövensteen

anschließender Wanderung von ca. 35 Minuten • **Weitere Informationen:** www.hamburg.de/schnaakenmoor

65. Genieße das Meerfeeling am Wittenberger Elbstrand.

BESONDERE ORTE

Eine Stadt, in der Möwen zu Hause sind und es einen Strand mitsamt Leuchtturm gibt, muss am Meer liegen, oder? Am Elbstrand Wittenbergen ist die Elbe so breit, die Containerschiffe so nah und der Strand (vor allem bei Ebbe) so schön, dass ein Ausflug dorthin sich wie ein Urlaubstag anfühlt. Der Leuchtturm Wittenbergen komplettiert das Bild und bildet seit 1900 zusammen mit dem Leuchtturm Tinsdal die Richtfeuerlinie Wittenbergen-Tinsdal für elbabwärts fahrende Schiffe im Hamburger Stadtteil Rissen. An diesem

Meeresstimmung am Wittenberger Elbstrand

Abschnitt der Elbe kann sogar gebadet werden – am besten nah am Ufer, dann stellt die Strömung des Flusses keine Gefahr dar.

Standort: Elbstrand Wittenbergen • **Öffnungszeiten:** tgl. 24 Stunden • **Wie kommt man hin?** S1 bis Blankenese und vor dort mit dem Bus 189 bis Tinsdaler Kirchenweg und etwa 15 Minuten Fußweg durch die Wittenberger Heide

FREIZEIT

66. Entdecke Hamburgs größten öffentlichen Park.

Er ist Hamburgs größter Park – und trotzdem haben viele Hamburger den Altonaer Volkspark noch nie besucht. Dies mag der Lage geschuldet sein, drängt doch die Autobahn A7 die grüne Lunge ins Abseits. Wer sich aufrafft und sich in den Westen begibt, wird belohnt. Der Park empfängt mit einem umfangreichen Waldgebiet, grünen Wiesen und sanft geschwungenem Gelände. Und hier gibt es einen Berg! Zwar ist der Tutenberg nur 46,40 Meter hoch, doch der von vier Seiten terrassierte Hügel ist besonders für Jogger interessant, die hier ihre Kondition trainieren. Benannt ist die Erhebung nach dem damaligen Altonaer Gartenbaudirektor Ferdinand Tutenberg, der den Volkspark plante.

Standort: Tutenberg im Altonaer Volkspark • **Öffnungszeiten:** tgl. 24 Stunden • **Wie kommt man hin?** Buslinie M3 bis Trabrennbahn Bahrenfeld oder Buslinie M2 bis Rugenbarg (Nord)

BESONDERE ORTE

67. Erkunde den größten Parkfriedhof der Welt.

Größter Parkfriedhof ... Das sagt sich so schön dahin, doch die Zahlen, die dahinter stehen sind wirklich beeindruckend. Mit einer Fläche von 389 Hektar ist der Ohlsdorfer Friedhof zugleich Hamburgs größte Grünanlage. Und wie es sich für eine Grünanlage gehört, ist diese zur Erholung da. Besucher spazieren unter schattigen Laubbäumen, staunen über riesige Rhododendren und erfreuen sich an romantischen Teichen. Dieses innerstädtische Refugium bietet Platz für kulturhistorisch bedeutsame Grabplastiken und ist Heimat für selten gewordene Tierarten wie Igel, Fledermaus und Uhu. Die App »Friedhof Ohlsdorf« zeigt 700 interessante Ort an – darunter auch 580 Ruhestätten prominenter Persönlichkeiten.

Standort: Fuhlsbüttler Str. 756 • **Öffnungszeiten:** tgl. 24 Stunden • **Wie kommt man hin?** S1/U1 bis Ohlsdorf • **Weitere Informationen:** www.friedhof-hamburg.de/die-friedhoefe/ohlsdorf

FREIZEIT

68. Genieße Livemusik in entspannter Bar-Atmosphäre.

Das Freundlich + Kompetent ist eine Mischung aus Kneipe, Konzerthalle und Club. Seit einiger Zeit ist das legendäre Multitalent ins Mundsburg Center um-

Grüne Idylle: Der »Friedhof Ohlsdorf« ...

... ist der größte Parkfriedhof der Welt

gezogen. Dort sind neben etlichen Geschäften auch ein Multiplex-Kino sowie ein Fitnesscenter untergebracht. Kann eine Bar, in der den Gästen Livemusik und gute Drinks geboten werden, an einem solchen Ort überleben? Ja, das Fuk schafft es. Denn das bunte Musik- und Partyangebot überzeugt Stammgäste und neue Besucher gleichermaßen.

Standort: Hamburger Str. 13 • **Öffnungszeiten:** Mo-Sa ab 17 Uhr • **Wie kommt man hin?** U3 bis Mundsburg • **Weitere Informationen:** www.freundlichundkompetent.de

69. Schlendere durch den Hirschpark.

FREIZEIT

Der wundervolle Hirschpark liegt mitten in Nienstedten und lockt mit verwunschenen Alleen und altem Baumbestand. Den Namen erhielt der Park übrigens aufgrund

Verwunschene Allen im Hirschpark

des im Jahr 1860 angelegten Hirschgeheges. Rehe, Hirsche, Pfaue und Enten lassen sich hier beobachten. Vielleicht schlägt der stolze Pfau sogar sein Rad? Schöne Aussichten bieten sich den Besuchern auch an anderer Stelle. Vom Rand des Grüngeländes aus lässt sich die Elbe erblicken. Zusammengefasst: Knorrige Bäume, ein verzweigtes Wegesystem, niedliche Tiere und der Fluss in Sichtweite. Hirschpark, wir kommen!

Standort: Elbchaussee 499 • **Öffnungszeiten:** tgl. 24 Stunden • **Wie kommt man hin?** S1 und S11 bis Blankenese, dann mit dem Bus 1/286/22 bis Mühlenberg

SPORT

70. Wandere durch das Alstertal.

Die Alster ist zumeist als Alstersee bekannt. Als im Jahr 1235 ein Damm für den Betrieb einer Mühle errichtet wurde, staute sich das Wasser über die berechneten

Die Wanderung durchs Alstertal ...

Maße und überschwemmte das Alstervorland. Doch was ist mit den restlichen Flusskilometern von der Quelle in Henstedt-Rhen bis zu ihrer Mündung in die Elbe am Baumwall? Hin da, sagen wir! Denn im Alstertal warten verwunschen-schöne Naturerlebnisse für Wanderer und Kanuten. Dichtes Grün am Ufer und umgestürzte Bäume, die ins Wasser ragen – gleich kommt Huckleberry Finn auf einem Floß daher …

Standort: Alstertal-Wanderung ab Klein Borstel, Hamburg • **Öffnungszeiten:** tgl. 24 Stunden • **Wie kommt man hin?** S1 bis Wellingsbüttel oder mit der U1 bis Klein-Borstel, der Rückweg von der Wohldorfer Schleuse ist problemlos von der Haltestelle »Duvenstedter Triftweg« mit den Buslinien 176 und 276 möglich.

… führt über wildromantische Wege

Freizeit

71. Sei bei den Knust Acoustics Sommersessions dabei.

In den Sommermonaten verwandelt sich der Lattenplatz vor dem Knust jeden Mittwoch zur Bühne. »Umsonst und draußen« ist das Motto der beliebten Veranstaltungsreihe: Von 18 bis 20 Uhr treten drei Bands auf, jedes Set dauert 30 Minuten. Der Eintritt ist dabei kostenlos, es

Geniale Sommerkonzerte im Knust

geht lediglich ein Hut zur Spende rum. Und jetzt stell dir vor, du sitzt auf der kleinen Tribüne, hältst dazu ein kühles Bier in der Hand. Die Band rockt, und hinter dem Feldbunker geht die Sonne unter ... Hamburg at its best!

Standort: Lattenplatz • **Termine:** in den Monaten Juni bis August, immer mittwochs von 18 bis 20 Uhr • **Wie kommt man hin?** U3 bis Feldstraße oder Hagendeel • **Weitere Informationen:** www.knusthamburg.de

72. Verlustier dich im Hammer Park.

FREIZEIT

Generationen von Schülern kennen den Hammer Park vor allem als Austragungsort der berühmt-berüchtigten Bundesjugendspiele. Weitwurf, Weitsprung und schnelles Laufen wurden abgefragt. Direkt neben der Sportstätte befindet sich die Grünanlage des Hammer Parks. Dessen Anfänge gehen ins 18. Jahrhundert zurück. Damals erwarb der Kaufmann Jacques de Chapeaurouge das Gelände und errichtete dort einen Landsitz mit englischem Landschaftsgarten. 1914 wurde der Park zum Volkspark umgebaut – und bietet heute mit Liegewiesen, Kräuter- und Heckengarten, einem großen Teich sowie einem Spielplatz alles, was Kind und Kegel für einen erholsamen Nachmittag brauchen.

Standort: der Park liegt zwischen den Straßen Hammer Steindamm, Sievekingsallee, Caspar-Voght-Straße und Hammer Hof, es gibt mehrere Eingänge • **Öffnungszeiten:** tgl. 24 Stunden • **Wie kommt man hin?** U2 bis Hammer Kirche

LAND & LEUTE

73. Erlebe Livemusik im Friseursalon.

Salonbetreiber Knut Harms führte sein Geschäft mit Erfolg, doch irgendetwas fehlte ihm ... War Haareschneiden wirklich alles? Nicht für einen leidenschaftlichen Musiker wie Knut. Seit 2004 wird der Friseursalon »Kamm in« am Abend regelmäßig zur Bühne. Musikbegeisterte und Menschen mit einer Vorliebe für ausgefallene Veranstaltungen und Räumlichkeiten kommen zu den Livesessions im Keller des Salons zusammen. Es darf gerockt werden!

Standort: Brüderstr. 2 • **Öffnungszeiten:** jeden Mittwoch ab 18 Uhr und jeden 1. und 3. Freitag im Monat • **Wie kommt man hin?** Bus 3 bis Axel-Springerplatz • **Weitere Informationen:** www.kamm-in-online.de

ABENTEUER

74. Erkunde Hamburg mit einem Paddelboot.

Eine typische Paddeltour führt in Hamburg entlang der Alsterkanäle durch Eppendorf und Winterhude. Aber auch in den Vier- und Marschlanden im Südosten der Hansestadt lässt sich Hamburg von der Wasserseite aus erleben. Der Wasserpark Dove-Elbe bietet Sportlern und Freizeitkanuten ein ideales Revier. Die strömungsarmen Nebenflüsse der Elbe – Gose und Dove genannt – laden Naturliebhaber ein, in ländlichen Gefilden zu paddeln. Für einen perfekten Tag hält dieses Paddelrevier zahlreiche Gelegenheiten für eine Picknick- oder Badepause parat.

Standort: Wasserpark, Allermöher Deich 36 • **Öffnungszeiten:** tgl. 24 Stunden • **Wie kommt man hin?** (ohne Kanu natürlich): S21 bis Mittlerer Landweg, dann mit dem Bus 321 bis Pumpwerk Allermöhe

Hamburg im Paddelboot entdecken

Besondere Orte

75. Entdecke Hamburgs unbekannte Elbinsel.

Hamburg liegt an der Elbe. In der Elbe liegen Flussinseln. Was hier wie die Aufzählung von Fakten daherkommt, scheint für den gemeinen Hamburger eine neuartige Erkenntnis zu sein. Erst in den letzten Jahren rückte die Elbinsel Wilhelmsburg ins Bewusstsein der Bürger, Macher und Lenker. Gleiches gilt auch für die Elbinsel Kalthofe, auf der Hamburgs erstes Wasserwerk mit Filtrationsanlage errichtet wurde. Dieses idyllische Kleinod beherbergt nicht nur ein Industriedenkmal mitsamt Wassermuseum, zusätzlich wurde hier zwischen den alten Filtrierbecken ein sehr schöner Naturerlebnispfad angelegt. Auf die Besucher warten ein Insektenhotel, Schmetterlingswiesen und ein Barfußweg sowie das Gefühl, einen besonderen Ort erlebt zu haben.

Standort: Kaltehofe Hauptdeich 6-7 • **Öffnungszeiten:** tgl. 24 Stunden • **Wie kommt man hin?** S2/S1 bis Tiefstack, von dort mit dem Bus 120/130/3 bis Zollvereinstraße sowie einem Fußweg von ca. 20 Minuten • **Weitere Informationen:** www.wasserkunst-hamburg.de

Freizeit

76. Spaziere von den Landungsbrücken bis zur Großen Elbstraße.

Wer an den Landungsbrücken aus der U-Bahn steigt, betritt das touristische Epizentrum Hamburgs. Anstatt die

Rickmer Rickmers oder die Cap San Diego zu besichtigen oder für eine Hafenrundfahrt eine der Barkassen zu besteigen, beginnen wir hier mit einem Spaziergang, der auch Einheimische jedes Mal aufs Neue begeistert. Mit der Elbphilharmonie im Rücken geht es entlang der Hafenstraße in Richtung Fischmarkt. Diese Ecke lieblich zu nennen, wäre eine glatte Lüge. Urban geht es zu. Verkehr, Lärm – aber was gibt es nicht alles zu gucken! Die ehemals besetzten Häuser, die Beachclubs mit Hafenblick, das alte Fischerhaus mit Restaurant. Kurz vor dem Fischmarkt kann sogar ein U-Boot bestaunt werden. Die architektonisch reizvolle Fischauktionshalle liegt vis-à-vis zum berühmten Hamburger Fischmarkt. Hier beginnt die Große Elbstraße. Jetzt noch einen Augenblick verweilen und den Möwen beim Streit um die Fischreste zusehen ...

Standort: Von den Landungsbrücken bis zum Fischmarkt • **Öffnungszeiten:** tgl. 24 Stunden • **Wie kommt man hin?** U3/S1/S3 bis Landungsbrücken

77. Erlebe großes Kino unter freiem Himmel.

KULTUR

Woran merkt der Hamburger, dass Sommer ist? Genau, die Freiluftkino-Saison geht in die nächste Runde. Zu den Klassikern der Freiluftkinos gehört die Filmreihe auf dem Rathausmarkt. Einmal jährlich im Sommer zeigt die Kinemathek Hamburg e.V. Kult- und Arthouse-Filme aus den letzten Jahren. Die genauen Termine sowie das Programm werden erst später im Jahr bekannt gegeben. Interessierte informieren sich bitte über die

Kostenloses Open-Air-Kino auf dem Rathausmarkt

Webseite. Wenn es dann so weit ist, bringen Profis niedrige Strandstühle für einen bequemen Sitzplatz mit. Film ab!

Standort: Rathausmarkt 2a • **Wie kommt man hin?** U1/2 u. S1/3 bis Jungfernstieg und U3 bis Rathaus • **Mehr Informationen und Termine:** www.freiluftkino-hamburg.de

FREIZEIT

78. Lasst dich vom Wohlers Park verzaubern.

Zwischen St. Pauli und Altona gelegen, ist dieser Park eine wahre Großstadtoase. Kleine parzellierte Flächen prägen die Grünanlage, auf denen sich im Sommer herrlich picknicken lässt. Jogger drehen fleißig ihre Runden, die kleinen Alleen laden Spaziergänger dazu ein, einen Umweg zu nehmen und das gepflegte Grün zu genießen. Übrigens, bis 1979 wurde der Wohlers

Zauberhafte Stimmung im Wohlers Park

Park als Friedhof der angrenzenden St. Johanniskirche genutzt. Davon zeugen noch einige Grabsteine und frei stehende Gräber. Heute geht es in diesem charmanten Kleinod ausgesprochen lebendig zu: Man trifft sich zum Tai-Chi, balanciert über Slacklines oder spielt mit den übergroßen Schachfiguren das Spiel der Könige.

Standort: Norderreihe 2 • **Öffnungszeiten:** tgl. 24 Stunden • **Wie kommt man hin?** Bus 15 bis Sternbrücke oder S1/S3/S11/S31 bis Holstenstraße

BESONDERE ORTE

79. Erlebe französisches Flair auf dem Isemarkt.

Der Wochenmarkt in der Isestraße bietet eine ganz besondere Atmosphäre. Die Straße wird gesäumt von den schönsten Jugendstilhäusern, die Hamburg zu

Mit halb Hamburg über den Isemarkt bummeln

bieten hat. Über die Köpfe der Marktbesucher hinweg rattert die U-Bahn der Linie U3. Das stählerne Viadukt, auf dem die Bahn fährt, bildet quasi das Dach des Wochenmarkts. Mit über 200 Ständen ist die Auswahl riesig, ob duftende Blumen, Gemüse aus der Region oder fangfrischer Fisch. Hier treffen sich die Nachbarschaft und auswärtige Besucher immer wieder gern zum Bummel.

Standort: Isestraße • **Öffnungszeiten:** dienstags und freitags 8-14 Uhr • **Wie kommt man hin?** U3 bis Hoheluftbrücke • **Weitere Informationen:** www.isemarkt.com

80. Erlebe spitzenmäßigen Amateurfußball beim SC Sternschanze.

SPORT

Zugegeben, fußballerisch ist Hamburg nicht gerade das Hoch im Norden. Was soll's, leidenschaftlich geht es trotzdem zu auf dem urbansten Fußballplatz der Stadt. Direkt an der S-Bahn-Station Sternschanze gelegen, stehen die Wochenenden ganz im Zeichen des Pflichtspiels der aktuellen Saison. Ob die 1. Damen kicken, die A-Jugend oder die 2. Herren, ist eigentlich egal. Die Atmosphäre macht's. Das Flair des Schanzenviertels mit seinen guten wie auch schlechten Seiten umgibt die Spielstätte. Und wer weiß, vielleicht geht es auch Besuchern von auswärts so wie den meisten, die den Vorplatz des Vereins betreten: Man kommt zur Ruhe, das Rauschen der Straße wird vom efeubewachsenen

Zaun gedämpft, Bratwurstduft hängt in der Luft. Die Zuschauer gewinnen hier eigentlich immer.

Standort: Sternschanze 9 • **Wie kommt man hin?** U3 u. S1/3 bis Sternschanze • **Weitere Informationen:** www.scsternschanze.de

FREIZEIT

81. Lausche der Wasserorgel im Planten un Blomen.

Die Wasserorgel in Planten un Blomen ist ein echter Klassiker. In den Sommermonaten zwischen Mai und August begeistert täglich ab 22 Uhr sowie im September ab 21 Uhr ein ungewöhnliches Konzert die Parkbesucher: Klassische Musik oder Stücke aus bekannten Filmen ertönen durch den Park und werden einigermaßen

Wasserlicht-konzerte im Planten un Blomen

Die Wasserorgel im Planten un Blomen

im Takt von Wasserfontänen begleitet. Das ist aber noch nicht alles, die Fontänen werden beleuchtet und erstrahlen in allen Farben des Regenbogens. So ist es vielleicht auch verständlich, dass der damalige Bundespräsident Theodor Heuss befand: »Etwas zu viel Bonbon!«. Für alle anderen sind die kostenlosen Wasserlichtkonzerte ein wunderschönes Romantik-Highlight.

Standort: See im Park Planten un Blomen • **Öffnungszeiten:** Mai bis August ab 22 Uhr sowie im September ab 21 Uhr • **Wie kommt man hin?** S1/S2 bis Dammtor oder U1 bis Stephansplatz

BESONDERE ORTE

82. Erklimme die Stufen des Dockland.

»Mama, was ist ein Parallelogramm?« Wer auf diese Frage schon immer eine erlebbare Antwort haben wollte, besucht einfach das markante Bürogebäude des Hamburger Architekturbüros Bothe Richter Teherani. Das sechsgeschossige Gebäude hat einen Querschnitt in Form eines Parallelogramms und ragt wie ein Schiffsbug über das Wasser hinaus. Die Dachterrasse ist für die Öffentlichkeit zugänglich und entschädigt mit einem tollen Ausblick über den Hafen für die Mühen beim Treppensteigen. Bis nach oben sollen es 136 Stufen sein. Auf alle Fälle ist es ganz schön anstrengend, die Treppe nach oben zu sprinten, das können zahlreiche Freizeitsportler, die hier trainieren, bezeugen.

Standort: Van-der-Smissen-Str. 9 • **Öffnungszeiten:** tgl. 24 Stunden • **Wie kommt man hin?** Linie 62 bis Dockland

FREIZEIT

83. Schlendere über die Flohschanze.

Ein perfekter Samstag im Schanzenviertel beginnt natürlich mit dem Besuch des Flohmarkts rund um die Alte Rinderschlachthalle. Porzellan, Möbel aus verschiedenen Epochen, Lampen, Silberbesteck, Klamotten – hier gibt es alles! Gestöbert werden kann immer samstags zwischen 8 und 16 Uhr. Neben den Dingen, die hier verhökert werden, macht es Spaß, die anderen Flohmarktbesucher

Das Dockland: Coole Architektur ...

... und toller Aussichtspunkt

Samstag ist Flohmarktag auf der Schanze

zu beobachten. Ob Schanzen-Hipster, Touristen aus dem Um- und Ausland, Familien, Alte und Junge – hier tummelt sich ein illustres Publikum. Und als wäre das noch nicht genug, brummt und sirrt es ringsherum: In der angrenzenden Rindermarkthalle erledigt man die Wochenendeinkäufe, die Fans des FC St. Pauli begeben sich vielleicht zum Heimspiel, und der Hamburger Dom öffnet auch gleich seine Pforten ... Schöner wird es nicht an einem Samstag in Hamburg.

Das Schanzenviertel wie es leibt und lebt

Standort: Neuer Kamp 30 • **Öffnungszeiten:** jeden Samstag von 8-16 Uhr • **Wie kommt man hin?** U3 bis Feldstraße

84. Zähle die Hipster auf dem Schulterblatt.

FREIZEIT

Das Herz des Schanzenviertels ist das Schulterblatt. Der Name dieser Straße geht zurück auf ein Wirtshaus, das ein Schulterblatt eines Wals als Aushängeschild benutzte. Unter der Woche sind es nachmittags die Schul- und

Kindergartenkinder, die diesen Teil der Schanze prägen. Da werden vom Taschengeld Ninjago-Karten oder Süßigkeiten in einem der zahlreichen Kioske gekauft, oder die Lütten setzen sich einfach mit ihrem Kratzeis in die Sonne. Am Abend und vor allem am Wochenende sieht die Welt ganz anders aus: Bärtige Männer in Hochwasserhosen und Frauen mit rosa Mützen auf dem Kopf sitzen zwischen Rosenhof- und Susannenstraße auf der Sonnenseite des Schulterblatts und trinken in einem der portugiesischen Cafés ihren Kaffee. Die Hipsterquote mag in Hamburg geringer sein als in Berlin. Am Schulterblatt gilt: Die Dosis macht das Gift. Hochkonzentriert und nicht zu übersehen, schaffen es nicht mal Eltern mit Kinderwagen, zahlenmäßig gegen den Archetyp des Urbanisten zu bestehen. Macht nichts, nach dem Wochenende ist wieder Montag und dann erobern die Bewohner das Terrain zurück.

Standort: in den Straßen rund um das Schulterblatt • **Öffnungszeiten:** tgl. 24 Stunden • **Wie kommt man hin?** U3/S1/S11/S2/S21 bis Sternschanze

Freizeitspaß: Hipster zählen am Schulterblatt

85. Halt dich fit im Trainingspark an der Außenalster.

Sport

Die westliche Seite der Außenalster ist besonders reizvoll zum Flanieren und Trainieren. Dank des Alstervorlands ist jeglicher Verkehr weit weg. Für Abwechslung sorgen die von der Stadt Hamburg bereitgestellten Geräte an den sogenannten Trimm-Dich-Pfaden. Ob man eine kleine Trainingseinheit während der Joggingrunde einbaut oder beim Spaziergang den Körper trainiert, bleibt jedem selbst überlassen. So oder so, der Trainingspark direkt an der Alster bietet eine Klimmzug-Plus-Stange sowie drei TrimmFit-Trainingszonen, an denen alle wichtigen Muskelpartien von Brust über Rücken und Bauch bis hin zu den Beinen trainiert werden können. Eine Tafel erklärt zudem, wie die Übungen korrekt durchgeführt werden. Der Untergrund ist eine Kunstrasenfläche, sodass der Platz auch bei schlechtem Wetter zugänglich und nutzbar ist.

Standort: Krugkoppel 1 • **Öffnungszeiten:** tgl. 24 Stunden • **Wie kommt man hin?** Am besten zu Fuß!

86. Genieße das Planespotting am Hamburger Flughafen.

Freizeit

Der Hamburger Flughafen steht bei vielen Planespottern hoch im Kurs, da sich das Gelände in Fuhlsbüttel umrunden lässt und sogar bis an den Zaun der Start- und Landebahnen herangetreten werden kann. Zusätzlich bietet die Besucherterrasse des Airports einen tollen Blick auf startende und landende Flugzeuge. Die Aussichtsplattformen des Hamburg Airports sind ganzjährig geöffnet – der Zugang für Hobbyfotografen, Familien und sonstige Planespotter erfolgt über die Restaurants Mercato im Terminal 1 und das Marché in Terminal 2.

Standort: Flughafenstraße 1-3 • **Öffnungszeiten:** Mo-So 9-17 Uhr • **Wie kommt man hin?** S1 bis Hamburg Airport

FREIZEIT

87. Höre den Springwellen am Elbstrand zu.

Nein, Hamburg liegt nicht am Meer, obgleich es schwer ist, dies einem kleineren Kind zu vermitteln. Hier kommt es immer wieder zu niedlichen Missverständnissen. Bei näherer Betrachtung ist dies auch kein Wunder, denn ein Ausflug an den Elbstrand, zum Bespiel in Övelgönne, schmeckt nach Meer und fühlt sich an wie Meer. Und jetzt kommt's: Dank des regen Schiffbetriebs auf der Elbe entwickeln sich stets und ständig Wellen, die geräuschvoll ans Ufer branden. Damit wäre das Meeresfeeling perfekt! Eine weitere Attraktion in Övelgönne ist der Alte Schwede, ein 217 Tonnen schwerer Findling. Er wurde bei Baggerarbeiten in der Elbe geborgen und gilt als ältester Findling Deutschlands.

Standort: Övelgönne 60 • **Öffnungszeiten:** tgl. 24 Stunden • **Wie kommt man hin?** Linie 62 von den Landungsbrücken in Richtung Neumühlen oder mit dem Bus 112 fahren z.B. ab Altona bis Neumühlen/Övelgönne.

Riesenfindling: Der Alte Schwede in Övelgönne

Magisches Geräusch: die Springwellen am Elbstrand

Der Goldene Pavillon am Café Entenwerder

FREIZEIT

88. Erlebe die Idylle von Rothenburgsort.

Den Elbpark Entenwerder auf der gleichnamigen Halbinsel erreicht man am besten mit dem Fahrrad. In der Nähe des Spiegel-Verlagsgebäudes beginnt der Radweg, der Ausflügler in den Stadtteil Rothenburgsort bringt, wo sich der Park befindet. Dort angekommen, machst du es dir auf der Liegewiese gemütlich und genießt den Blick auf vorbeiziehende Schiffe und die immer wieder imposanten Elbbrücken. Direkt an der Norderelbe liegt ein Ponton mitsamt dem Café Entenwerder 1. Größtes Highlight aber ist der sogenannte Goldene Pavillon. Dabei handelt es sich um eine begehbare Skulptur, die Besuchern spannende Ausblicke auf das Bille-Sperrwerk und die gegenüber liegenden Container ermöglicht.

Standort: Entenwerder 1 • **Öffnungszeiten:** tgl. 24 Stunden • **Wie kommt man hin?** S21/S2 bis Tiefstack oder mit dem Bus 120 bis Billhorner Deich

89. Drehe eine Runde mit der U3.

LAND & LEUTE

Manchmal braucht's für Glücksmomente nicht viel, und es reicht eine Fahrt entlang der schönsten U-Bahn-Strecke der Stadt. In der Annahme, dass Hamburg-Besucher eh über eine Tagesfahrkarte des öffentlichen Nahverkehrs verfügen, verbuchen wir den Trip mit der U3 vom Rathaus bis zur Haltestelle Sierichstraße als kostenfreies Erlebnis. Los geht's im Zentrum der Hansestadt in Richtung St. Pauli. Kaum ist die U-Bahn der Linie 3 an der Station Rathaus losgefahren, fährt sie plötzlich oberirdisch. Die folgenden Stationen heißen Rödingsmarkt, Baumwall, Landungsbrücken. Allein

Durch ganz Hamburg mit der U3

dieser Abschnitt verspricht einen exklusiven Blick auf die Speicherstadt, die Elbphilharmonie und den Hafen. Hinter den Landungsbrücken geht es unterirdisch weiter: St. Pauli, Feldstraße, Sternschanze. An jeder Station lohnt es auszusteigen. Wer weiterfährt, genießt ab Schlump wieder die Aussicht auf Backsteinbauten aus den 1920er-Jahren, ab Hoheluftbrücke prägen Jugendstilhäuser die Straßenzüge. Nun bleibt nur noch, das Ziel festzulegen: Die Haltestelle Sierichstraße ist alsternah gelegen, Station Borgweg bringt Fahrgäste zum Stadtpark. Oder soll es bis nach Barmbek gehen, wo das Museum der Arbeit wartet? So oder so, es gibt jede Menge zu gucken!

Standort: U-Bahn-Linie U3 von der Haltestelle Rathaus bis Barmbek • **Fahrzeiten:** Siehe HVV-Fahrplan

ABENTEUER

90. Wandere zu Fuß durch den Alten Elbtunnel.

Der schönste Abenteuerspielplatz der Stadt heißt Alter Elbtunnel – und wer diesen zu Fuß durchquert, erlebt ein Stück Stadtgeschichte hautnah. Als der Alte Elbtunnel 1911 eröffnet wurde, war dies eine technische Sensation. Mittels vier großer Fahrkörbe, die Menschen und Fahrzeuge seit Eröffnung in fast 24 Metern Tiefe transportieren, beginnt die 426,5 Meter lange Querung der Elbe durch zwei gekachelte Röhren mit sechs Metern Durchmesser. In Steinwerder gelangen Fußgänger, Radfahrer und Autos wieder ans Tageslicht. Der Panoramablick auf die schicke Seite der Stadt ist Grund genug, mal die Seite zu wechseln.

Standort: Bei den St. Pauli Landungsbrücken 7 • **Öffnungszeiten:** Für Fußgänger und Radfahrer: durchgehend geöffnet (Radfahrer müssen sich dem Verkehrsfluss anpassen oder schieben) Ausnahme: 31. Dezember (Silvester) von 21-4 Uhr geschlossen • **Wie kommt man hin?** U3 bis Landungsbrücken

91. Schau den Tatort im Café Deike.

FREIZEIT

Für Fans ist ein Sonntagabend ohne Tatort im Ersten undenkbar. Das ist natürlich auch in Hamburg so. Wer zudem noch auf Gesellschaft aus ist, kann im Café Deike in Eimsbüttel gemeinsam mit anderen Gästen den neuesten Tatort-Fall lösen. Gezeigt wird der Krimi auf einer zwei Meter breiten Leinwand in HD und in Dolby 5.1.

Standort: Lutterothstr. 5 g • **Termin:** immer sonntags, ab 20.15 Uhr • **Wie kommt man hin?** U2 bis Osterstraße • **Weitere Informationen:** www.deikes.de

FREIZEIT

92. Entspanne dich auf der Michelwiese.

Jeder Städtetourist kennt diesen Zustand der vollkommenen Erschöpfung. Die Füße trugen einen bereits durch die halbe Stadt, bis zum Hotelzimmer oder bis nach Hause ist es ein weiter Weg. Wer sich an den Landungsbrücken aufhält oder gerade den Michel besichtigt hat, kann an sommerlichen Tagen auf der Michelwiese entspannen. Sie ist unmittelbar hinter dem bekannten Verlagshaus Gruner + Jahr gelegen, und man erblickt eine willkommene Grünfläche in der Hamburger Neustadt. Sie stellt inmitten der doch sehr pflaster- und asphaltlastigen Umgebung eine Ausnahme dar und bietet Familien, gestressten Angestellten oder eben ausgepowerten Touristen eine schöne Gelegenheit, sich auszuruhen.

Standort: zwischen Michel und Elbe • **Öffnungszeiten:** durchgehend • **Wie kommt man hin?** U3 bis Baumwall

LAND & LEUTE

93. Verliebe dich in Ottensen.

Der charmante Stadtteil Ottensen steht interessanterweise bei den meisten Hamburg-Besuchern nicht ganz oben auf der Agenda. Dabei ist Ottensen eine wahre

Statur trägt Schürze: in Ottensen

Perle, ein Dorf mitten in der Stadt. Wo früher kleine Handwerksbetriebe, Schlachter und düstere Kaschemmen die kopfsteingepflasterten Straßen prägten, sind es heute Cafés, Kneipen, Geschäfte und jede Menge

Restaurants, die dem Stadtteil ihren Stempel aufdrücken. Dabei wechseln sich wunderschöne Altbauten ab mit kleinen Häuschen, in denen früher Gewerbebetriebe oder Arbeiterfamilien beheimatet waren. An sonnigen Tagen brummt der Stadtteil, es wird flaniert, als gäbe es kein Morgen. Und auch das Mercado, das im Viertel ansässige Einkaufszentrum, hat seinen Reiz. Wer von dem bunten Treiben genug hat, spaziert entlang grüner Straßenzüge hinunter zur Elbe. Denn selbst hier ist immer noch Ottensen.

Standort: die Straßen rund um die Ottenser Hauptstraße • **Wie kommt man hin?** S1/3 bis Altona

LAND & LEUTE

94. Lass dich ein auf die Große Bergstraße.

Als ein schwedischer Möbelkonzern seine erste City-Filiale in der Großen Bergstraße in Altona eröffnete, war nicht abzusehen, was dies für Veränderungen mit sich bringen würde. Kritiker befürchteten, dass massive Verkehrsprobleme im Viertel für Chaos sorgen könnten. Dies ist zum Glück nicht eingetreten, da die meisten Kunden die öffentlichen Verkehrsmittel zur Anreise nutzen. Als Haupteinkaufsstraße der Altona-Altstadt ist es der Mix aus Multikulti und gediegen, Schönem und Hässlichem, der die Meile so reizvoll macht. Nicht umsonst gilt die Große Bergstraße als »seltsamste Straße Hamburgs«.

Standort: Große Bergstraße • **Wie kommt man hin?** S1/S3 bis Altona

95. Finde heraus, ob eine Wende im Paternoster gefährlich ist.

ABENTEUER

Fahrstuhl fahren kann jeder, wer ein kleines Stadtabenteuer erleben möchte, nimmt den Paternoster. Die hängenden Kabinen drehen sich in ständigem Umlauf in einem Schacht. Wer zusteigen möchte, benötigt das richtige Timing. Dies ist auch der Grund, weshalb Gebrechliche gar nicht und Kinder nicht allein mit dem Paternoster fahren dürfen. Für Schulkinder, die in Begleitung eines Erwachsenen sind, ist es aber ein Leichtes, während der Fahrt aus- und zuzusteigen. Noch heute sind rund 30 Paternoster in Hamburg in Betrieb,

Mit dem Paternoster eine Wende fahren

allerdings ist nur ein Teil hiervon öffentlich zugänglich. Die Nutzung ist abhängig von den Öffnungszeiten der Gebäude, in denen die Paternoster im Einsatz sind – meist sind dies Bürohäuser oder städtische Ämter. Wer während der Fahrt nach dem letzten oberen Stockwerk nicht ausgestiegen ist, fährt natürlich nicht über Kopf weiter. Oder etwa doch?

Diese Paternoster in Hamburg sind öffentlich zugänglich:

– Paulsenhaus, Neuer Wall 72
– Finanzbehörde, Gänsemarkt 2
– Finanzamt Harburg, Harburger Ring 40
– Bieberhaus (Finanzamt Hamburg-Mitte), Hachmannplatz 2
– Bezirksamt Hamburg-Nord, Kümmellstraße 7 in Eppendorf
– Bezirksamt Eimsbüttel (Grindelhochhaus), Grindelberg 62 und 66
– Laeiszhof, Trostbrücke 1
– Rossterminal, Rossweg 20

BESONDERE ORTE

96. Staune über die Schiffswracks am Falkensteiner Ufer.

Wer möchte nicht einmal ein Schiffswrack besichtigen? Am Falkensteiner Ufer unweit von Blankenese ist bei Niedrigwasser das Schiffswrack Uwe zu sehen. Das klingt nicht sonderlich glamourös, umso spannender ist die Geschichte, die zum Untergang geführt hat. Im dichten Nebel waren am 19. Dezember 1975 zwei Frachter kollidiert. Einer der Havaristen hatte kurz vorher das Binnenschiff Uwe überholt. Nach dem Zusammenstoß der Frachter, drehte sich eines von ihnen und krachte direkt in das Binnenschiff. Ein Matrose ertrank bei dem Unglück. Das sehr schwere Heck wurde nicht geborgen und verblieb als Wellenbrecher im Schlick.

Standort: Falkensteiner Ufer • **Öffnungszeiten:** tgl. 24 Stunden • **Wie kommt man hin?** Bus 286 (ab Rissen oder Blankenese) bis Falkenstein

Das alte Schiffswrack am Falkensteiner Ufer

FREIZEIT

97. Erlebe die Stadtführung eines Hamburg Greeter.

Seit dem Frühjahr 2012 sind die Greeter auch in Hamburg aktiv: Bei den »Greets« treffen neugierige Gäste auf engagierte Hamburger. Die Greeter lieben ihre Stadt und meist auch einen speziellen Stadtteil: Sie möchten einen Einblick in ihr ganz persönliches Hamburger Leben gewähren. Die Rundgänge sind kostenfrei, nicht einmal ein Trinkgeld wird erwartet. Was Gäste nicht unbedingt erwarten sollten, ist eine komplette Sightseeing-Tour zu touristischen Attraktionen. Aber vielleicht stehen Highlights wie das Maritime Museum oder die Deichstraße auch auf dem Programm. Einfach überraschen lassen und in das Hamburger Leben eintauchen.

Standort: zahlreiche Stadtteile • **Öffnungszeiten:** nach Absprache • **Weitere Informationen:** www.hamburg-greeter.de

FREIZEIT

98. Mach einen Kurzurlaub im Portugiesenviertel.

Das Andersartige in Hamburg, eben das, was die Stadt von anderen Städten deutlich unterscheidet, hat häufig mit der Fremde zu tun. Die Portugiesen sind eine Seefahrernation, und Hamburg als traditionsreiche Hafenstadt – na, das passte einfach. Als in den 1970er Jahren portugiesische Gastarbeiter nach Hamburg kamen, siedelten sich diese angelockt von günstigen Mieten und den Arbeitsplätzen in der Nähe des Hafens an. Diese

Ob das Maritime Museum und die …

… Speicherstadt Teil der Greeter-Tour sind?

Zuwanderung gab dem Viertel auch seinen heutigen Namen. Mit der Zeit eröffneten Portugiesen, Spanier und Italiener in den Straßen zwischen Michel und Elbe zahlreiche Restaurants, Cafés und Pastelarias. An sommerlichen Wochenenden wimmelt es in den Straßen des kleinen Kiezes nur so vor Touristen. Unter der Woche sind es Angestellte aus den umliegenden Büros, die in der Mittagspause einen kleinen Kurzurlaub einlegen.

Standort: rund um die Ditmar-Koel-Straße • **Öffnungszeiten:** tgl. 24 Stunden • **Wie kommt man hin?** U3 bis Landungsbrücken

99. Versuch dich im Stand Up Paddling auf der Außenalster.

SPORT

Wer ein SUP-Board sein Eigen nennt, kann es an der Außenalster ohne Weiteres zu Wasser lassen und los paddeln. Aber, dieser Hinweis muss sein, Stand Up Paddling ist eine junge Sportart, und so gilt: Alter vor Schönheit. Konfliktfreies Paddling klappt am besten, wenn man Ruderern und Seglern nicht in die Quere kommt. Zahlreiche Zugänge zum Wasser sind rund um die Alster vorhanden.

Standort: Außenalster • **Öffnungszeiten:** tgl. 24 Stunden

Stand Up Paddling auf der Alster

KULTUR

100. Lerne Volkstänze in der Honigfabrik.

FolksTanzWirbel nennt sich die Initiative, die es sich zur Aufgabe gemacht hat, Volkstänze aus aller Welt in lockerem Rahmen einzustudieren. Ob internationale oder heimische Tänze, ausprobiert wird, was gefällt. Das können Tänze aus Frankreich, Amerika, vom Balkan, aus Griechenland oder aus Israel sein. Getanzt wird entweder in Paaren oder in Gruppen, je nach Tanz. Jeden Montag treffen sich die Tanzwilligen in der Honigfabrik in Wilhelmsburg. Der Eintritt ist frei, und da die Tänze selten schwierig zu erlernen sind, sind auch Tanzanfänger herzlich willkommen. Wer öfter vorbeischaut, der hat vielleicht sogar die Möglichkeit, bei einem der Hamburger Stadtteilfeste oder einer anderen Veranstaltung aufzutreten.

Standort: Industriestr. 125-141 • **Termine:** Jeden Montag ab 20 Uhr • **Wie kommt man hin?** B13 bis Mannesallee • **Weitere Informationen:** www.folkstanzwirbel.de

KULTUR

101. Höre Jazzkonzerte auf dem Feuerschiff.

Das große knallrote Schiff ist im Hamburger Hafen nicht zu übersehen. Hier kann man sich trauen lassen, einfach nur Essen gehen oder in einer der alten Kabinen übernachten. Immer wieder gibt es auf dem Schiff auch Kulturveranstaltungen, darunter Lesungen, Kabarettabende oder Konzerte. Immer montags treffen sich ab

Jazzkonzerte auf dem Feuerschiff erleben

20.30 Uhr Jazzmusiker zu einer offenen Jam Session. Die Bühne steht am sogenannten Blue Monday jedem offen. Der Eintritt zum Überraschungskonzert ist frei.

Standort: Vorsetzen, im City Sporthafen • **Termin:** Montags ab 20.30 Uhr • **Wie kommt man hin?** U3 bis Baumwall • **Weitere Informationen:** www.das-feuerschiff.de

Bildverzeichnis

Via flickr.com: S. 56/57 Klaus Friese (CC BY-SA 2.0), S. 99 André Hofmeister (CC BY-SA 2.0), S. 100 groundsel (CC BY-SA), S. 111 (oben) Klaus Friese (CC BY-SA 2.0) Via Wikimedia Commons: S. 18 Awesok (CC BY-SA 4.0), S. 20 Pauli-Pirat (CC BY-SA 4.0), S. 24 Alexander Blecher, blecher.info (CC BY-SA 3.0), S. 28 Maddl79 (CC BY-SA 4.0), S. 31 © Thomas Wolf, www.foto-tw.de (CC BY-SA 3.0/DE), S. 32 Pauli-Pirat (CC BY-SA 4.0), S. 33 Dietmar Rabich „Hamburg, Landungsbrücken -- 2016 -- 3145-51“ (CC BY-SA 4.0), S. 36 © Ajepbah (CC-BY-SA-3.0/DE), S. 37 Holger.Ellgard (CC BY-SA 3.0), S. 38 Wolfgang Meinhart, Hamburg (CC BY-SA 3.0), S. 41 Pauli-Pirat (CC BY-SA 4.0), S. 43 © Ajepbah (CC-BY-SA 3.0/DE), S. 45 Olaf Kosinsky (wikiberatung.de) (CC-BY-SA 3.0/DE), S. 52 Doris Anthony (CC BY-SA 3.0), S. 53 An-d (CC BY-SA 3.0), S. 54 Pauli-Pirat (CC BY-SA 4.0), S. 55 Pauli-Pirat (CC BY-SA 4.0), S. 62 Beja (CC BY-SA 3.0), S. 64 © Ajepbah (CC-BY-SA-3.0/DE), S. 65 Pauli-Pirat (CC BY-SA 4.0), S. 67 Nightflyer (CC BY-SA 4.0), S. 68 Pauli-Pirat (CC BY-SA 4.0), S. 71 Vitavia (CC BY-SA 4.0), S. 73 Corradox (CC BY-SA 4.0), S. 77 Dirtsc (CC BY-SA 3.0), S. 78 Frank Schwichtenberg (CC BY-SA 3.0), S. 81 Wusel007 (CC BY-SA 3.0), S. 83 Matthias v.d.Elbe (CC BY-SA 3.0), S. 88 Staro1 (CC BY-SA 3.0), S. 89 Hartmut Groth (CC BY-SA 3.0), S. 90 Hans-Peter Balfanz (CC BY-SA 3.0), S. 91 Vitavia (CC BY-SA 4.0), S. 92 Frank Schwichtenberg (CC BY-SA 3.0), S. 103 GerogHH (CC BY-SA 3.0), S. 105 © Alexander Hoernigk (CC BY-SA 3.0), S. 106 Pauli-Pirat (CC BY-SA 4.0), S. 107 Emma7stern (CC BY-SA 3.0), S. 112 Fotodienst Hamburg (CC BY-SA 3.0), S. 119 Andreas Dantz (CC BY-SA 2.0), S. 124 Pauli-Pirat (CC BY-SA 4.0), S. 127 www.fleno.de (CC BY-SA 3.0) Via pixabay.com (alle CC0): S. 12/S. 13/S. 14/S. 16/S. 19/S. 22/S. 23/S. 26/S. 27/S. 34 beide/S. 39/S. 50/ S. 66/S. 69/S. 70/S. 85/S. 88 unten/S. 95/S. 98/S. 105/S. 108/S. 111 (unten)/S. 112/S. 115/S. 117/S. 125 121/S. 123 beide Via pxhere.com (alle CC0): S. 84 Via piqs. de S. 101 © by hafencity1